本书获得教育部人文社会科学研究青年基金项目"创业生态系统视角下数字创业机会共创机理研究"（20YJC630209）；吉林省社会科学基金项目"吉林省汽车制造企业数智化转型促进新质生产力涌现逻辑与机理研究"（2024B57）资助。

U0717412

传统制造企业
数字技术、动态能力与
数字创新绩效

张敏 陈宏伟 李承蓉 张肃 著

Digital Technology, Dynamic Capability and Digital Innovation
Performance of Traditional Manufacturing Enterprises

经济管理出版社
ECONOMY & MANAGEMENT PUBLISHING HOUSE

图书在版编目（CIP）数据

传统制造企业数字技术、动态能力与数字创新绩效 ／
张敏等著. -- 北京 ：经济管理出版社，2024. -- ISBN
978-7-5096-9842-6

Ⅰ. F407.4-39

中国国家版本馆 CIP 数据核字第 2024PL9392 号

组稿编辑：王　蕾
责任编辑：杨　雪
助理编辑：王　蕾
责任印制：许　艳
责任校对：陈　颖

出版发行：经济管理出版社
　　　　　（北京市海淀区北蜂窝 8 号中雅大厦 A 座 11 层　　100038）
网　　址：www. E-mp. com. cn
电　　话：（010）51915602
印　　刷：唐山昊达印刷有限公司
经　　销：新华书店
开　　本：720mm×1000mm/16
印　　张：13. 25
字　　数：204 千字
版　　次：2024 年 9 月第 1 版　　2024 年 9 月第 1 次印刷
书　　号：ISBN 978-7-5096-9842-6
定　　价：88. 00 元

前　言

在全球化与信息化深度融合的当代，世界正处于一个变革的交汇点。这一时代潮流的推动，让传统制造企业感受到了前所未有的转型压力。数字技术的飞速发展如同一股不可阻挡的洪流，正以前所未有的速度改变着世界。其不仅彻底颠覆了传统产品的生产方式，使生产效率得到了极大的提升，同时也深刻改变了企业的运营模式，推动了企业向更加智能化、自动化的方向发展。然而，这种变革并不仅仅停留在表面。数字技术的深层次影响在于其正在重塑市场竞争格局。传统的竞争模式正在被打破，新的竞争规则正在形成。那些能够迅速适应并融入数字化浪潮的企业正在迅速崛起，而那些墨守成规、故步自封的企业则面临着被市场淘汰的风险。在此背景下，传统制造企业面临着巨大的挑战。如何在激烈的市场竞争中保持竞争力、在数字化转型的浪潮中抓住机遇，成为每一个传统制造企业都需要深思的问题。引入和应用数字技术，提升企业的动态能力，进而增强数字创新绩效，成为解决这一问题的关键所在，本书正是在这样的背景下应运而生。

本书深入探讨了传统制造企业数字技术、动态能力对数字创新绩效的影响机制。在撰写过程中，首先，对传统制造企业数字化转型的发展趋势与挑战进行了全面梳理，分析了传统制造企业数字创新的全球化趋势，以及这些企业在数字技术应用和动态能力建设方面所面临的问题和挑战。其次，界定了数字技术、动态能力和数字创新绩效等核心概念，深入剖析了这些概念之间的内在联系，在此基础上构建了数字技术、动态能力与数字创新绩效的关系模型，通过问卷调查和数据分析对假设进行了实证检验并对实证结果进行了讨论。再次，在实证的基础上总结提出传统制造企业数字创新绩效的形成和保障机制。最后，选取中国一汽集团与三一重工股份有限公司作为典型案例，通过案例研究再一次印证了数字技术与动态能力对数字创新绩效的影响机制，并为传统制造企业数字创新与可持续发展提出了相应的建议，希望通过这些建议，助力传统制造企业在数字化浪潮中稳健前行。

本书在撰写过程中得到了众多企业和个人的鼎力支持，他们提供了宝贵的实践经验和数据支持，使本书更加贴近实际。在此向所有为本书付出努力和贡献的企业、个人表示衷心的感谢和崇高的敬意。正是有了你们的支持和帮助，本书才能得以顺利完成。

由于笔者水平有限，加之编写时间仓促，书中难免存在错误和不足之处，我们诚恳地邀请广大读者提出宝贵的批评和建议，以便我们不断改进和完善。我们相信，在大家的共同努力下，本书将能更好地服务于传统制造企业的数字化转型和创新发展。

目　录

第一章　传统制造企业数字创新发展趋势与现状

第一节　传统制造业数字创新的全球性趋势

一、工业革命推动创新新局面

18 世纪中叶以来，人类历史上先后爆发了三次工业革命，每一次工业革命除生产技术不断进步之外，还伴随着创新体制的巨大变革，进而促进生产组织形式和生产关系的变革（柳卸林等，2019）。进入 21 世纪，以智能化为标志的第四次工业革命正在兴起。这次革命以物联网、大数据、人工智能、机器人等技术的广泛应用为主要特征，旨在实现生产的数字化、网络化、智能化。它将进一步推动生产力和生产关系的变革，为全球经济发展注入新的动力。

在这个数字经济时代，数据已经成为一种新的生产要素（谢康等，2020）。在两次工业革命更迭的关键时间节点，数字创新作为第四次工业革命的核心驱动力，正在以前所未有的速度推动着生产方式的转型和升级。它融合了物联网、大数据、云计算、人工智能等前沿技术，使生产过程更加智能化、高效化，同时也为产品的个性化定制和服务的持续优化提供了可能。

数字创新作为工业 4.0 的核心成为各国重要的发展机遇的同时，以物联网、大数据为代表的信息技术快速发展，并不断向传统制造业渗透，各国开始出台各种政策，促进传统制造业数字化转型，进行数字创新。世界工业强国如美国、德国等率先提出制造业数字化转型战略，如德国在 2018 年提出《德国高科技战略 2025》，指出"将数字化转型作为科技创新发展战略的核心"。其他工业化起步较慢的国家和联盟也紧随其后出台相关政策：韩国 2020 年提出"计划通过数字创新跃升为世界四大产业强国之一"；欧盟同样计划"到 2030 年，75% 的欧盟企业应使用云计算服务、大数据和人工智能"。两次工业革命的更迭时期，各国都面临着产业结构调整和经济发展的新挑战。数字创新的出现为这些国家提供了新的发展机遇。通过推动数字技术与传统产业的深度融合，可以加快产业转型升级，提升国际竞争力。同时，数字创新还能够催生新的产业形态和商业模式，为经济增长注入新的动力。由此可见，世界主要经济体都对传统制造业数字化转型及数字创新展现出巨大的关注，并且随着时间推移，转型目标的提出越发详细、具化。这种趋势将有助于推动传统制造业向更加智能、高效、可持续的方向发展。

二、制造业国际转移要求各国创新升级

第一次工业革命至今，制造业转移浪潮便一直在全球范围内涌动，我国制造业在第四次国际产业转移过程中开始腾飞，成为世界制造中心。在新一轮产业革命变革下，科技进步推动及"逆全球化"思潮对新一轮制造业转移造成了干扰。科技进步对制造业转移的影响主要体现在数字化、自动化和智能化等方面。大数据、云计算、人工智能等技术的快速发展与应用，使制造业的生产方式、产品形态以及商业模式都发生了深刻变革。科技的进步也加速了制造业供应链的全球化和碎片化，使各国制造业之间的联系更加紧密。"逆全球化"思潮的兴起对全球制造业转移带来了新的挑

战。一些国家出于保护国内产业和就业的目的，采取了一系列贸易保护主义措施，限制了全球贸易的自由流动。这不仅影响了制造业的全球供应链，还增加了制造业转移的成本和风险。同时，"逆全球化"思潮还可能导致技术封锁和知识产权争端等问题，进一步影响全球制造业的创新和发展。

回顾产业转移进程，各国在提升自身生产制造能力的同时，也需要不断进行产业升级与创新。第一次制造业转移是美国凭借制造流程创新使英国产业向美国转移，接下来德国和日本以协作体系创新的方式成为第二轮转移重心，随着信息技术不断发展，亚洲四小龙以产业链整合创新的方式获得新的价值链优势，成为产业转移重心（刘友金、周健，2021）。劳动力作为重要的生产要素，在我国制造业发展过程中起到了至关重要的作用，在第四次产业转移中，我国凭借庞大的劳动力人口，为制造业提供了充足的劳动力资源。这种人口优势使我国制造业在规模上得到了快速发展，并在全球制造业中占据了重要地位。但随着产业国际转移的进行，低技术含量的制造业流向劳动成本更低的国家，工业发达国家制造业也慢慢"回流"。在这种情况下，我国传统制造业亟须进行数字化转型升级，提升制造价值（王静疆，2016）。在此进程中，我国不断升级产业结构，逐步发展为世界工厂，成为世界制造中心。大数据、5G、云技术等信息技术的发展与广泛应用促使新的制造业时代形成，通过数字赋能促进国家、企业创新成为各国的不二之选。中国信息通信研究院发布的《全球数字经济白皮书（2023）》相关数据显示，2022年，全球51个主要经济体的数字经济增加值规模达到41.4万亿美元，占GDP比重为46.1%，显示出数字经济的强劲增长势头。各国纷纷加大制造业回流力度，积极部署制造业自动化、智能化升级，推动传统制造业数字化转型，以求提振制造业在国民经济中的战略地位（石建勋、朱婧池，2022）。

对于发达国家来说，数字创新是推动传统制造业向高端、高附加值领域发展的重要手段。通过数字技术的应用，发达国家可以进一步提升制造业的创新能力和核心竞争力，巩固其在全球产业链中的领先地位。对于发展中国家来说，数字创新更是加快传统制造业转型升级、实现跨越式发展的重要机遇。通过引进和吸收先进技术，发展中国家可以迅速提升制造业的技术水平和生产效率，缩小与发达国家的差距。同时，数字创新也有助于发展中国家培育新的产业增长点，推动经济结构的优化和升级。由上可知，无论对发达国家还是发展中国家来说，数字化转型都是一场全球性的变革。传统制造业作为国家重要实体经济，其数字创新更是重中之重，可以帮助各国构建属于自己的产业数字化转型战略布局，创造属于自己的国际竞争优势。

第二节　我国传统制造业数字创新发展现状与挑战

一、我国传统制造业数字创新发展现状

特征事实 1：制造业数字化程度逐年提高，数字技术与实体经济迅速融合。制造业所占比重大且重要，并且我国政策提供支持。

制造业是我国实体经济的主体，是立国之本、强国之基。新中国成立以来，我国制造业发展迅速，已经形成了完整的产业体系和发展模式。2022 年我国制造业增加值为 33.5 万亿元，占全球制造业的比重接近 30%[①]。近年来，随着数字技术的迅猛发展，其与实体经济的融合趋势日益显著。数字技术不仅为实体经济注入了新的活力，还成为构筑数字贸易竞争新优势的关键驱动力量。在我国，传统制造业面临着全球市场的激烈竞争，数字化转型与创新成为其形成竞争优势的必由之路。

我国坚持创新驱动的基本方针，促进制造业数字化、网络化、智能化。2021 年国务院印发的《"十四五"数字经济发展规划》也指出，要"纵深

---

① 缴翼飞. 工信部规划司：2022 年中国制造业增加值 33.5 万亿元 连续 13 年位居世界首位 [EB/OL]. 21 经济网，[2023-04-03]. https://www.21jingji.com/article/20230403/herald/6e572a48bd97836474fede8f515b165b.html.

推进工业数字化转型，加快推动研发设计、生产制造、经营管理、市场服务等全生命周期数字化转型，加快培育一批'专精特新'中小企业和制造业单项冠军企业"。我国传统制造的数字化转型正在如火如荼地进行，一些领先的制造企业已经有了数字化意识，积极探索数字化转型的路径，通过引入数字技术实现产业升级和创新发展。美的集团于 2012 年开始实施数字化布局，构建"美的+互联网"的模式，建设并运用数字化平台进行生产，同时"以用户为中心"，不断围绕用户进行创新（梁新怡等，2021）。仁和集团在 2008 年开启在线零售阶段后，不断运用互联网技术实现智能生产，构建生态网络，实现数字化服务转型（董晓松等，2021）。海尔集团以产品模块化为基础，建立 COSMOPlat 平台实现大规模定制服务，工作人员可以在短时间内快速响应顾客需求，与客户零距离交互（彭本红等，2021）。据工业和信息化部公布的数据，截至 2022 年底，全国工业企业关键工序数控化率和数字化研发设计工具普及率分别达到 58.6%、77.0%。数字化成为驱动中国制造业高质量发展的新支点，数字化意味着物理学上的数字研发，而数字创新还包括了数字技术创新所引起的流程、商业模式以及企业组织生产方式的改变等（余江等，2017）。

美的集团、仁和集团和海尔集团的数字创新过程通过数字技术与自身管理模式相融合，构建了新的商业模式，在数字化转型大潮中脱颖而出。然而，数字化转型并非易事，需要企业在技术、人才、资金等方面进行全面投入，我国有近一半的中小制造企业受限于自身数字化水平或数字化意识不强，仍未开始数字化转型（史宇鹏等，2021）。在开始数字化转型的企业中，大部分企业仍处于转型初级阶段。根据中研普华产业研究院发布的《2023—2027 年中国数字化转型行业市场全景调研与投资前景预测报告》，从企业规模看，中小企业 79% 的企业处于数字化转型的初级阶段，12% 的企业处于数字化转型的应用践行阶段，9% 的企业处于数字化转型的深度应用阶段；而大型企业中 52% 的企业步入到了应用践行和深度应用阶段，48% 的企业处于数字化转型的初级阶段。由此可见，虽然许多企业已经开始引入数字技术，但在实际应用中，往往只停留在表面或者初级阶段，未能充分发挥数字技术的潜力，要实现深度应用还需要克服一些挑战和困难。

特征事实 2：数字化在不同行业间发展不平衡，技术密集型行业数字化程度高。

数字创新通过开发新产品、新业态等，促进了传统制造业与数字化融合，在数据这一新型生产要素的基础上，不断升级改造现有模式，帮助企业提高其"数字价值"（严子淳等，2021）。在数字化转型过程中，发展不平衡的问题也逐渐显现，数字创新在制造业不同的细分行业间差距较大，技术密集型行业数字化程度要高于劳动密集型与资本密集型行业。

制造业数字化对企业原有的数字基础要求较高，对于劳动密集型企业来说，数字化会提升企业的劳动资源配置效率，大幅度提高生产效率、降低生产成本（李杰等，2023）。但由于历史原因和技术惯性，劳动密集型行业本身数字技术水平较低、产品创新程度低、市场稳定，数字化过程需要大量资金与技术投入，对劳动密集型企业来说投入较大、回报较低，投入与回报的不成正比使大部分企业望而却步。相较于其他类型的制造业，资本密集型的制造业能源消耗与排放量大，数字技术的应用与数字流程的创新能够大大减少其生产制造过程中的能耗，降低碳排放强度（刘战豫、张伞伞，2024）。然而，如冶金、石油等资本密集型企业通常涉及大量固定资产投资，如重型机械、大型生产线等，这些设备的数字化改造和升级需要巨大的资金投入。此外，技术更新换代快是数字化领域的一大特点，这要求企业不仅要有足够的资金投入，还需要具备相应的技术能力和人才支持。而资本密集型制造业往往技术积淀深厚，设备和系统较为复杂，对新技术的理解、掌握和应用以及对现有技术的优化和升级较为困难，专业性人才欠缺，无法快速响应技术变化并将其转化为企业的竞争优势，其数字化转型面临较大的技术挑战。

相较于其他传统制造业，电力机械、计算机等技术密集型行业通常数字化程度高，数字要素等资源丰富，拥有先进的生产设备、完善的研发体系和丰富的技术积累，能够为其数字创新过程提供条件，这使它们对于数字化技术的引入和应用具有更高的敏感性和需求，在数字化技术的应用和推广上更具优势。同时，技术密集型制造业在数字化转型方面表现出较强的活力和创新能力，对数字技术的需求和应用也更加迫切。它们能够更快地适应新技术、新模式的变革，实现数字化转型的快速发展。数字化转型不仅提高了这些行业的生产效率和质量，还推动了其产品创新和服务模式的升级，进一步增强了行业竞争力。同时，数字化转型对这些行业所带来的技术进步与价值创造明显，因此，技术密集型企业会更加积极地开展数字创新（肖土盛等，2022）。

二、我国传统制造业数字创新面临的挑战

1. VUCA 时代带来的内外部不确定性

"VUCA 时代"一词起源于 20 世纪 90 年代的美国，VUCA 是 Volatility（易变性）、Uncertainty（不确定性）、Complexity（复杂性）、Ambiguity（模糊性）四个单词的首字母缩写，用来描述"冷战"结束后出现的多边世界，其特征是比以往任何时候都更加复杂以及不确定。在 2008 年全球金融危机发生后，VUCA 时代的概念再度兴起，成为描述当今时代特征的重要词汇。

目前全球正处于 VUCA 时代，世界各国的社会生活和经济发展态势发生了较大变化，全球经济呈现反弹、分化、不确定性的特征。全球经济形势的不断变化、技术的快速更新、市场的不稳定性、业务运营的复杂性以及未来发展的模糊性，这些因素共同构建了一个典型的 VUCA 环境。在这个遍布不确定性的环境中，市场竞争态势也会更加变化频繁，制造企业数字创新需要面对前所未有的挑战，这对其持续成长构成了严峻的考验。

在 VUCA 环境下，制造业转型面临多方面的困难与挑战。首先，国际形势的波动性和不确定性给我国制造业数字创新带来了挑战。随着全球政治经济格局的复杂多变、国际贸易保护主义抬头以及地缘政治冲突等因素，我国制造业面临更加严峻的市场环境和外部压力。这种不确定性使制造企业在制定数字创新战略时需要更加谨慎和灵活，以应对可能出现的风险和变化。其次，在 VUCA 环境下，市场和技术的快速变化使公司难以制定长期稳定的战略，因为未来的不确定性非常高，预测变得困难。这种不确定

性不仅影响了公司的战略制定，还导致团队成员对未来感到不安，影响了团队的凝聚力和执行力。在 VUCA 环境下，制造业需要应对外部环境的变化和不确定性，这些外部因素的变化可能导致企业转型策略的调整或中断，增加了转型的难度和不确定性。

由于国际与国内市场的易变性和不确定性，制造企业难以准确预测未来的市场需求和产品趋势，这使企业在制定数字化战略时面临较大的风险，因为一旦转型方向或策略选择错误，可能会导致巨大的经济损失。除了这些外部因素外，制造业的复杂性也是数字化转型与创新过程中的一大障碍。制造业涉及多个环节和领域，包括原材料采购、生产制造、销售分销等，每个环节都有其特点并面临不同的挑战。在复杂多变的业务环境中，企业需要处理大量的信息和数据，同时还要考虑多个利益相关者的需求和利益。这使决策过程变得复杂而漫长，降低了企业的响应速度和适应能力。因此，在数字创新过程中需要综合考虑各个环节的相互影响和协调，这使数字化过程的难度和复杂性大幅提高。此外，技术的模糊性也给制造业数字化转型与创新带来了不确定性。随着新技术的不断涌现和应用，制造企业需要不断学习和掌握新技术，以适应转型的需求。然而，新技术的效果和应用前景往往具有不确定性，同时新技术的更新换代速度很快，企业需要保持敏锐的市场洞察力和快速的学习能力，才能跟上技术发展的步伐，这使企业在选择和应用新技术时也面临较大的风险和挑战。

2. 环境动态性需要动态能力相匹配

环境动态性指的是环境变化的速度和幅度，以及这种变化对企业决策和运营所带来的不可预测性和不确定性，是影响企业创新活动的重要情境因素（朱雪春、潘静，2023）。对于传统制造业而言，面对日益加剧的市场竞争、技术革新和消费者需求变化，环境动态性已经成为其不可忽视的重要特征。数字创新则是传统制造业转型升级的关键路径之一，通过应用数字技术，企业可以优化生产流程、提高产品质量、降低运营成本，并开发出更符合市场需求的新产品和服务。然而，数字创新并非一蹴而就的过程，它需要企业具备与之相匹配的能力，特别是动态能力。

动态能力是指公司有建立和更新资源与资产的组织能力，企业根据需要重新配置和更新现有资源，以快速响应市场、商业环境中的变化和技术机会（Teece，2007）。动态能力使企业可以动态地适应复杂多变的环境，在相对稳定的环境中构建动态能力可能得不偿失，但当企业处在一个动态性较高的环境中时，动态能力的构建就显得格外重要。动态能力不仅可以帮助企业提高财务绩效，还可以帮助传统制造企业在数字化过程中提高创新绩效。创新是企业保持竞争力的关键，动态能力中的数字感知能力、数字抓取能力、资源整合重构能力，以及组织变革能力对制造企业数字创新质量的提高均有促进作用（王超发等，2023）。具备动态能力的企业能够不断探索新的技术、产品和服务，以满足市场的不断变化需求，从而在市场上获得差异化优势。这种创新优势不仅能够提升企业的短期绩效，还能够为企业带来长期的竞争优势（焦豪，2008）。此外，动态能力能够推动新知识形成，管理者将这些知识转化为能力与技能，并与创新活动配套，帮助企业开发新产品和新市场，实现业务国际化（焦豪，2021a）。

动态能力认为企业应该主动感知环境变化，为应对复杂多变的外部技术环境和市场环境不断提高自身与环境动态的匹配性（王超发等，2023）。在环境动态性较高的背景下，传统制造业数字创新需要与之相匹配的动态能力，主要体现在以下几个方面：首先，企业需要具备敏锐的市场洞察能力，能够及时发现和把握市场机会，预测未来趋势，为数字创新提供方向指引。其次，企业需要具备快速的学习能力和创新能力，能够不断吸收新技术、新知识，并将其转化为自身的竞争优势，推动数字创新的持续进行。此外，企业还需要具备灵活的组织架构和高效的协作机制，以便在数字创新过程中能够快速响应市场变化、协调内外部资源，实现创新目标。最后，企业还需要具备风险管理和应对能力，能够在数字创新过程中有效识别、评估和管理风险，确保创新活动的顺利进行。

总之，环境动态性对传统制造业数字创新提出了更高要求，企业需要不断提升自身的动态能力，以适应不断变化的市场环境和竞争态势，实现数字创新的成功转型。

第二章　理论基础及研究综述

第一节　理论基础

一、动态能力理论

随着大数据、人工智能、数字孪生等数字技术的持续发展，传统制造企业所处的外部环境发生了剧烈的变化，数字经济时代已然到来。数据资源作为数字经济时代的重要生产要素，其海量性、共享性、可分配性和高度动荡性的特点使依赖难以模仿、流动性差的资源来获取竞争优势的资源基础观面临巨大挑战（蔡莉等，2021）。动态能力理论在数字经济背景下成为支撑企业发展新的能力基础，该理论来源于资源基础理论，解释了企业为何难以通过稀缺的、难以模仿的和不可替代的异质性资源在当前背景下获取持续竞争力的问题，同时为企业获取与维持竞争优势提供了能力指导（Barney，1991）。动态能力理论作为管理学研究领域内的热点问题之一，最初由 Teece 和 Pisano（1994）提出，基于资源基础观，他们指出动态能力理论是新时代企业价值创造获取的全新视角，并定义动态能力为企业构建、整合、重构内外部资源从而适应环境创造竞争优势的能力。Teece 等

（1997）进一步阐释了动态能力理论，认为由企业创建并发展用于创造差异化价值的高阶能力为动态能力，具有不可模仿性和高价值性。

动态能力理论的形成同时结合了资源基础观与进化经济学，进化经济学指出组织变革是嵌入在重复的运行模式中的，这种现象也被称为惯例（Mintzberg et al.，1998）。Eisenhardt（1989）进一步发现动态能力存在于企业生产运营的流程中，也能够通过组织的常规惯例体现，易于分辨与确认；包括整合资源的动态能力（产品开发的常规惯例、战略决策的形成）、重新配置资源的动态能力（复制、转卖常规惯例）及获取与转移资源有关的动态能力（知识创新常规惯例、外部获取常规惯例）。Zott（2003）试图挖掘企业内部是否存在动态能力，观察到一段时间内不同的企业通过模仿、实验来保持或者改变组织的资源配置，而动态能力就存在于企业中的一系列指导企业资源构建发展的常规程序；得出了动态能力是融入企业资源重构、生产运营常规中的日常组织程序之中的结论。Helfat 等（2007）关注到了动态能力在组织竞争优势方面的突出特性，发现企业的竞争优势来源于新产品、新技术、新服务的难以模仿性。Griffith 和 Harvey（2001）揭示了企业动态能力的一个重要方面，他们发现，当企业能够创造出与其他企业不同的且难以被模仿的发展资源时，其动态能力便可以在全球范围内得到培育。这一观点强调了创新、独特性和资源难以复制性在塑造企业全球竞争力中的关键作用。在全球化的背景下，这种能力尤为重要，因为它能够帮助企业在竞争激烈的国际市场中立足。为了培养这种能力，企业需要不断创新，开发独特的资源和技术，以区别于竞争对手。

动态能力理论与资源基础观的静态视角不同，不过度关注资源对企业的价值，更加重视整合与重构资源来匹配多变的环境，从而形成独特的企业优势。研究表明，企业获取竞争优势的关键因素之一是整合配置资源、适应环境挑战的动态能力（Wu，2006）。数字技术的持续渗透加速了传统制造企业的外部环境变化，向诸多企业的竞争地位发出了挑战。面对多变的客户需求和竞争者威胁，动态能力能够通过重新配置组织资源从而应对变化，保持企业的独特竞争力（Zahra et al.，2006）。动态能力理论解释了企业如何有效地对资源进行管理整合来应对市场变动和技术更迭的变化（Teece et al.，1997）。Winter（2003）将动态能力定义为组织扩展、改变或创造常规能力的高阶能力，其中常规能力指保障企业短期生存的能力。Wang 和 Ahmed（2007）认为，动态能力指企业为了适应动荡变化的环境以组合形式部署资源，追求能力的更新重构，再造一种高阶能力，表明动态能力是一种嵌入过程中的能力。Danneels（2016）认为，在数字经济背景下，动态能力是组织构建新资源、解决重要矛盾、提升传统能力以产生更高效率的能力，其在动荡环境中赋予企业持续竞争优势。

为了最佳地与数字经济融合，企业需要建立强大的动态能力以实现商业模式的变革。动态能力不仅是组织创建、扩展和完善公司资源基础的能力，还为企业开展各项创新活动奠定基础（Helfat et al.，2007）。Zollo 和 Winter（2002）认为，动态能力可以通过学习获得，其建立在组织知识资源基础上，能够提升效率和优化流程。当环境变革激烈，企业流失竞争优势时，动态能力能够帮助企业有效调整战略规划以有效应对市场变化等不确定因素。Barreto（2010）指出动态能力通过调整资源基础，从而及时响应市场变化并做出积极反馈以解决企业系统性难题。Zahra 和 George（2002）也认为，具备动态能力的组织可以更新与重构组织的资源基础，从而满足多变的消费者需求和战略规划的调整。Warner 和 Wäger（2019）认为，组织可以应用动态能力灵活组合并重构数字资源与其他资源，通过产品、服务等创新来维持竞争优势。

动态能力理论是在管理学界的研究中逐步浮现和发展的，学者主要从两个视角来开展动态能力理论研究：

其一，基于能力视角。Teece（2007）的研究中指出动态能力包含三个主要维度，分别是感知识别机会与威胁的能力（以下简称"感知能力"）、捕获机会的能力和整合重构的能力。这一观点强调了感知能力在动态能力中的核心地位，不仅丰富了动态能力的内涵，还为企业如何在实践中培养和提升动态能力提供了重要的启示。感知能力体现了企业在复杂多变的市场环境中对潜在机遇和潜在风险的敏锐洞察能力。企业需要不断地扫描外部环境，识别出可能影响其竞争地位的因素，以便及时调整战略和资源配置。捕获机会的能力意味着企业不仅需要发现机会，还需要具备迅速响应和有效执行的能力，以充分利用这些机会。这要求企业具备高效的决策机制、灵活的组织结构和卓越的执行能力，确保在竞争中抢占先机。整合重构的能力强调了企业在维护竞争优势方面的能力，包括通过技术创新、品牌建设、知识产权保护等手段来增强和保护企业的核心资产，以及在必要时对资产进行重构以适应市场变化。

国内学者也从这一视角出发对动态能力开展了研究。焦豪等（2008）提出了动态能力的四个维度：环境洞察能力、变革更新能力、技术柔性能力和组织柔性能力。环境洞察能力指企业对外界环境的敏感度和认知能力，具备强环境洞察能力的企业能够迅速捕捉市场动态、技术趋势和政策变化，为决策提供及时而准确的信息。变革更新能力指企业面对环境变化时，能够迅速做出调整，包括战略、结构、流程等方面的变革。变革更新能力强的企业能够更好地适应市场变化，保持竞争力。技术柔性能力涉及企业在技术选择、研发和创新方面的灵活性。企业能够根据市场需求和技术发展趋势，灵活调整技术策略，保持技术领先地位。组织柔性能力指企业组织结构和文化的灵活性。组织柔性能力强的企业能够更好地应对内外部变化，通过调整组织结构和文化，激发员工的创新精神和协作能力。林萍（2009）关于动态能力的观点强调了企业对现有资源的重构整合在促进组织架构、组织管理文化更新以及实现动态性成长中的重要性。吴航（2016）从内外部整合的视角出发，将动态能力分解为机会识别能力与机会利用能力。机会识别能力关注企业如何从外部环境中识别出有价值的商业机会。机会利用能力涉及企业如何有效地利用识别出的机会，将其转化为实际的竞争优势。这需要企业具备敏锐的市场洞察力和战略眼光，以及强大的资源整合能力、执行力和创新能力，能够及时发现并利用市场中的机遇，确保能够充分利用机会，实现企业的战略目标。动态能力理论确实强调了组织的应变能力和对风险的灵活决策能力在战略转型中的关键作用。这种能力使组织能够在快速变化的市场环境中迅速调整策略、优化资源配置，从而提升战略转型的成功率。

其二，基于过程视角。Eisenhardt 和 Martin（2000）深入地从组织和实证的角度剖析了动态能力的内涵，为后续的研究提供了丰富的理论支持和实证基础。他们强调了动态能力与组织适应、学习和重组过程紧密联系，认为动态能力是可识别的明确流程或常规惯例，通过学习机制可以不断提高组织的动态能力。这意味着动态能力不是一个静态的概念，而是随着组织内外环境的变化而不断发展和演化的。组织在面对市场变化、技术革新或竞争对手的策略调整时，需要通过适应、学习和重组来保持其竞争优势，而这些过程正是动态能力的体现。企业在这些过程中的能力包括但不限于产品开发、战略联盟和战略决策能力。产品开发能力反映了企业在新产品开发方面的效率和效果，它能够帮助企业快速响应市场需求，推出具有竞争力的新产品。战略联盟能力则体现了企业在与其他组织建立合作关系方面的能力，通过战略联盟，企业可以共享资源、降低风险并获取新的市场机会。战略决策能力则是企业在面临复杂和不确定的环境时，能够做出正确决策的能力，这对于企业的长期发展至关重要。Eisenhardt 和 Martin（2000）的研究使学者对动态能力的关注从抽象向具体转变，因而得到了广泛的认可。

在数字经济时代，技术的飞速发展和市场的快速变化使组织必须不断地创新、调整和优化自身的运营模式和策略，以应对不断出现的挑战和机遇。Danneels（2016）强调动态能力在组织构建新资源方面的重要性。数据、算法、平台等新型资源成为组织竞争的关键要素。动态能力使组织能够敏锐地识别这些新资源的价值，并通过有效的整合和利用，将其转化为实际的竞争优势。在快速变化的环境中，组织往往会面临各种内外部矛盾，如资源分配不均、战略与执行的脱节等。动态能力能够帮助组织在矛盾中找到平衡点，通过协调各方利益和资源，实现组织的和谐发展。动态能力还能够提升组织的传统能力，产生更高的效率。在数字经济时代，传统的生产、销售、管理等能力仍然具有重要的作用。然而，这些能力需要不断地进行更新和升级，以适应新的市场环境和技术要求。动态能力通过引入新的技术、方法和理念，能够推动传统能力的创新和发展，进一步提升组织的运营效率和市场竞争力。董保宝和葛宝山（2012）强调了动态能力的发展离不开企业的资源基础。资源是企业运营和发展的基石，包括有形资产如设备、技术，以及无形资产如品牌、专利等。这些资源为企业提供了实现战略目标的基础条件。在动态能力的发展过程中，企业需要根据自身资源的特点和优势，进行有针对性的能力构建和提升。资源共享在动态能力的发展中也发挥着重要作用。资源共享可以帮助企业降低成本、提高效率，并促进创新。通过与其他企业或组织的合作，企业可以获取到更多的资源和信息，实现资源的优化配置和互补。同时，资源共享还可以促进知识和技术的传播和交流，有助于企业形成更广泛的学习网络和创新生态。为了适应不断变化的外部环境，企业需要持续学习。学习是企业获取新知识、掌握新技能、理解新趋势的重要手段。通过不断的学习，企业可以更好地洞察市场需求、技术动向和竞争对手的策略，从而及时调整自身的战略和运营模式。在学习过程中，企业还需要注重知识的转化和应用，将所学转化为实际的生产力和竞争力。

罗仲伟等（2014）从组织学习、知识管理、运营能力和实干能力等多个维度对动态能力进行了剖析。组织学习是动态能力的前提。在快速变化的环境中，企业需要不断地进行组织学习，以捕获和响应外部环境的变化。这种学习不仅能获取新知识，更重要的是将知识转化为组织的实际能力，使组织能够更好地适应和应对外部环境的变化。知识管理是动态能力的基础。通过有效的知识管理，企业可以实现对产品或服务的不断更新和优化。这包括知识的获取、整合、共享和创新等多个环节，确保企业能够持续推出符合市场需求的新产品或服务，从而保持竞争优势。运营能力的整合、协调与重构是动态能力的实施手段。运营能力是企业实现战略目标的关键，而动态能力要求企业能够根据环境的变化及时调整和优化运营能力。这包括整合内部资源、协调各部门之间的合作，以及重构运营模式等多个方面，确保企业能够在变化的环境中保持高效和灵活。具体操作层面的实干能力是动态能力的实现路径。这要求企业具备将战略转化为实际行动的能力，包括执行力、创新能力、团队协作能力等多个能力。只有具备了这些实干能力，企业才能真正将动态能力转化为实际的竞争优势。马鸿佳等（2010）将动态能力视为一种特殊资源，企业通过一系列的操作过程对动态能力进行整合升华以获得绝对竞争优势。这种资源具有独特的价值，能够帮助企业在不断变化的市场环境中识别机会、应对挑战。动态能力不仅是一种静态的资产或能力，更是一种能够在不同情境下灵活调整和适应的能力，包括组织学习、知识管理、资源配置、战略决策等多个方面。通过这些操作过程，企业能够将分散的、碎片化的动态能力整合起来，形成一个有机的整体，使企业在市场中脱颖而出，实现持续的发展。绝对竞争优势的获得不仅依赖于单一的能力或资源，还需要企业将各种能力和资源有效地整合起来，形成一个强大的竞争力体系。

企业对数字技术的应用是影响组织动态能力形成的关键因素。数字技术为组织提供了更高效、更精准的信息处理和决策支持工具，使组织能够快速地识别市场机会和威胁，并做出相应的调整。数字技术不仅能够帮助组织更好地管理内部资源和流程，还能够促进组织与外界的信息交流和合作，拓宽组织的视野和思路。同时，数字技术还能够提升组织的运营效率、优化业务流程、降低成本，从而增强组织的竞争力。动态能力理论确实强调了动态能力在企业运营中的核心作用，特别是企业整合内外部知识和资源，以应对持续变化的商业网络环境。这一理论不仅指出动态能力的重要性，还明确了其与企业数字化转型和创新成果水平之间的紧密联系。组织的创新成果水平的提高也取决于动态能力的利用。企业要想在创新方面取得突破，就必须善于利用和发挥动态能力的作用。通过动态能力，企业可以更加敏锐地洞察市场变化，发现新的商业机会，并快速响应和调整战略。动态能力理论的发展为企业提供了宝贵的启示，在数字化时代，企业需要重视并培育动态能力，以应对市场的快速变化和不确定性，同时，通过数字化转型和优化创新机制，企业可以进一步提升动态能力，从而取得更好的创新成果和市场表现。

二、数字创新理论

　　数字技术的冲击和数字模式的涌现给传统创新带来了新的挑战和机遇。企业需要积极拥抱数字创新，不断提升自身的创新能力和竞争力，以应对日益激烈的市场竞争和变化多端的市场环境。数字创新作为主流的创新范式，其影响力和作用在不断扩大，已经渗透到科技创新活动的各个方面以及经济社会发展的各个层面。Yoo 等（2010a）首次对数字创新进行界定，基于服务主导逻辑、价值共创理论和技术可供性理论，深入剖析了数字创新的本质和过程，其将数字组件和物理组件进行组合以产生新产品、新服务和商业模式的创新过程定义为数字创新。Boland 等（2007）的观点为人们理解数字创新提供了多维度的视角，强调数字创新是企业使用新的数字工具、方法和渠道来改善企业运营的过程，旨在提高创新效率。数字化资源在这个过程中扮演着至关重要的角色，包括数字创新的流程管理工具、项目管理系统、信息管理系统和沟通工具等（Boland et al.，2007）。从数字技术应用过程的角度来看，Bharadwaj 等（2013）强调数字创新是在传统创新过程中融入数字技术，从而引发产品、流程、组织模式以及商业固有发展模式的全面变革。数字技术使创新过程更加动态和灵活，创新的边界随着技术的应用和市场的变化而不断演进。在数字时代，创新的主体不再局限于特定的组织或行业，而是扩展到更广泛的范围。Nambisan（2017）提到了在数字创新中，创新过程和创新结果之间的相互作用更加紧密和复杂，强调数字创新主要是产生新产品或提供新服务。通过利用数字技术，企业可以开发出更加符合市场需求的产品和服务，提高用户体验，进而提升竞争力。也有学者从过程和结果综合描述数字创新，数字创新不仅关注创新过程，还注重创新结果（Abrell et al.，2016）。在创新过程方面，数字创新利用数字技术优化和改造生产流程、提高生产效率、降低运营成本。在创新结果方面，数字创新能够为企业带来新产品和新服务的开发。Fichman 等（2014）从综合视角出发，基于生态系统理论对数字创新进行了定义，他们强调数字创新不仅是一个产品或过程的创新，更是一个新的商业模式。在这个定义中，数字工具的应用被看作改善创新过程的关键（Fichman et al.，2014）。Jahanmir 和 Cavadas（2018）从数字技术应用结果的角度出发，认为数字创新的核心在于将数字技术嵌入传统的物理组件中，从而催生出全新的产品、服务以及组织形态。Yoo 等（2012）的观点为人们理解数字创新提供了深刻的见解。他们认为数字创新使日益普及的数字技术能够深入渗透到组织的产品、服务和运营的核心，从而从根本上改变产品和服务的本质。随着数字技术的不断发展和应用，数字创新将继续发挥更大的潜力，为企业和社会带来更多的价值。

随着数字技术的不断发展和应用，数字创新正在成为推动产业转型升级和社会创新发展的重要力量。我国在数字创新领域也取得了显著的进展，余江等（2017）系统性地介绍了数字创新理论，将数字创新定义为产品或服务的数字、物理组件通过新的组合以产生新产品或提供新服务的过程，还进一步指出了数字创新的自生长性与模块化的技术属性和社会属性。刘洋等（2020）通过对国内外文献的梳理，提出了数字创新的核心要素，即数字技术、创新产出和创新过程，强调数字创新是在创新过程中采用信息、计算、沟通和连接技术的组合，并带来一系列积极的变革，为人们深入理解数字创新提供了有益的参考。谢卫红等（2020）对于数字创新的理解，深入到了不同主体对数字化资源的重组活动，以及通过数字技术为现有非数字产品和服务增加数字化属性这两个核心方面。他们指出，数字创新不仅是一个技术创新的过程，更是一个价值创造的过程，通过为用户和潜在用户创造价值，从而带来新产品、生产过程改进、组织模式变革以及商业模式的改变和创新。闫俊周等（2021）提出数字创新的三个层次，分别是数字技术本身、因数字技术形成的新的模式与形态、被数字化的经济活动，提出因数字技术嵌入而带来的新产品、服务、过程、组织、商业模式等都是数字创新的不同类型结果。刘志阳等（2021）通过与传统创新的对比，强调了数字创新在推动社会进步和经济发展中的重要作用，将数字创新定义为数字技术嵌入创新所产生的多元化结果。

尽管不同学者对数字创新的定义存在细微差别，但是所有这些定义都共同强调了"数字技术""创新对象"这两个本质要素。只有深入理解并充分利用数字技术，同时关注并满足创新对象的需求和变化，才能真正实现数字创新的价值和意义。数字技术无疑是数字创新的基本要素和核心驱动力，在数字创新的过程中，数字技术的嵌入与融合是不可或缺的环节，不仅提高了创新的效率和精度，还拓展了创新的范围和深度，使创新活动得以在更广泛的领域和层面上展开。数字创新的收敛性在于它能够融合不同领域的知识和技术，提供全新的产品或服务；能够突破组织边界，实现跨界合作和资源共享；能够推动不同领域、不同组织之间的深度合作与融合，共同创造出更多的价值和社会福祉（Vega and Chiasson，2019）。数字创新的自生长性主要源于数字技术的动态性、可延展性和可编程性，这些特性使数字创新能够不断地自我更新、改进和扩展，从而扩大数字创新结果的范围（Ramdani et al.，2022）。数字创新平台化是当前数字创新发展的重要趋势，在数字创新平台化的趋势下，企业不再仅仅依赖于单一产品进行创新，而是通过建立数字平台，集聚多种创新主体，形成生态系统，不同主体之间形成了相互依存、共同进化的关系，通过互补优势、共享资源等方式，实现整体效益的最大化（Mariani and Nambisan，2021）。数字创新要求物理和数字化产品、生产方式和组织逻辑之间相互连接、组合，以形成全新的价值创造模式。这种连接和组合的过程构成了数字创新的特性，包括非竞争性（非排他性）、可扩展性、可复制性以及可重新组合性，其不断推动社会进步和经济发展，为未来的数字化社会奠定了坚实的基础（Lusch and Nambisan，2015）。Yoo 等（2010b）的研究深入探讨了数字创新的多个关键特性，提出数字创新通常具有可溯源性（Traceability）、可寻址性（Addressability）、可重编程性（Programmability）、可感知性（Sensibility）、可记忆性（Memorability）、可交流性（Communicability）以及可关联性（Associability）等特性。这些特性共同构成了数字创新的复杂性和多维性，使数字创新能够在不同领域和场景中发挥重要作用。

研究信息系统的学者侧重于追溯数字技术特性对组织资源特性和产品属性的变革性影响，关注到数字技术使组织边界变得模糊，提出数字技术能够将数字能力融入以前仅具有纯物理特性的对象之中，形成数字创新，通过将数字能力与物理对象相结合，可以创造出具有全新功能和特性的产品或服务，从而推动整个行业的变革和发展。数字技术的可重编程性、数据同质化和自我参照性赋予了数字创新独特的优势，使其具有可再生性、收敛性以及其他独有的特征。这些特性共同赋予了数字创新分层模块化的架构，使数字组件可以像积木一样被拆解、重组和嵌入到物理产品中（Yoo et al.，2012）。具体地，可重编程性使数字创新具有高度的灵活性和可变性，这意味着数字产品或服务可以根据市场需求、用户反馈或技术进步进行快速调整和优化；数据同质化使数字创新能够跨越不同的平台和设备实现无缝连接和互通；自我参照性使数字创新具有自我优化和自我完善的能力。Autio 等（2018）提出了数字创新的解耦性和去中介性，在开放性的数字技术环境下，企业的数字创新活动不再受限于专有资源，企业可以更加灵活地获取和使用各种资源，进行跨界的合作与创新。去中介性也是数字创新的一个重要特征。在数字技术的推动下，企业可以直接与用户、合作伙伴等建立联系，进行高效的沟通和协作。这种去中介化的趋势使数字创新能够更加直接地触达市场和用户需求，减少了传统中介环节所带来的成本和时间损耗。

数字技术是数字创新的基础和前提，它本身固有的特征赋予了数字创新独特的技术属性，提供了强大的技术支持和保障。数字创新通过提供开放和灵活的创新环境，推动了创新产品和过程的日益分散化、创新的民主化，以及创新活动中心向组织外围移动等趋势（Yoo et al.，2012）。在管理属性方面，一方面，数字创新要求企业具备更加开放和灵活的管理思维和模式，以适应快速变化的市场环境和用户需求；另一方面，数字创新也促进了企业管理的数字化和智能化，通过数据分析、人工智能等技术手段，提高管理效率和决策水平。数字创新深刻地影响了创新活动的组织方式、结构、过程和结果，使其在组织属性方面展现出新的特征（Abrell et al.，2016）。在数字技术的推动下，企业可以更加便捷地获取外部资源和信息，与其他组织进行合作和交流。传统的组织文化往往强调稳定和服从，而数字创新则要求组织具备开放、协作、创新的文化氛围。组织需要鼓励员工积极参与创新活动，分享知识和经验，共同推动创新的发展。数字创新在管理属性方面展现出了创新平台化、创新分布化和创新组合化等特征（Abrell et al.，2016）。创新平台化是指企业通过建立创新平台，整合内外部资源，提供创新所需的工具、技术、人才等支持，降低创新门槛，提高创新效率；创新分布化强调创新活动不再局限于特定的组织或部门，而是分布在整个企业网络甚至更广泛的生态系统中；创新组合化是指企业通过将不同的技术、产品、市场、资源、组织等元素进行组合和重构，创造出新的价值。数字创新在组织属性方面展现出收敛性、开放性和动态性这些特征（Nambisan et al.，2017）。收敛性是指在数字创新过程中，组织通过集中资源、优化流程和协同合作，实现创新活动的聚焦和高效执行；开放性意味着组织能够打破内部和外部边界，积极寻求与外部伙伴的合作与共享，共同推动创新的发展；动态性反映了数字创新组织在面对变化时的灵活性和适应性。这些特征使组织能够更加灵活、高效地应对外部环境的变化，推动创新的深入发展，并为组织的持续竞争优势提供有力支撑。

数字技术的独特性使数字创新在创新主体、创新成本、创新特征等方面与传统的技术创新存在显著的不同（刘志阳等，2021）。从创新主体的角度来看，数字创新主体的开放多元化、去中心化和平台化趋势使创新的参与主体更加多元和广泛，形成了整个生态圈的共同参与，开源创新社区的出现就是这一趋势的生动体现。随着数字技术的普及和应用，创新的门槛逐渐降低，更多的个人、组织和企业能够参与到创新活动中来。开源创新社区就是其中的代表，它打破了传统创新模式的限制，使创新的参与主体更加多元，创新资源得以在更广泛的范围内流动和共享。创新成本方面，传统技术创新与数字技术创新之间存在显著差异。传统技术创新的进入门槛较高，主要体现在新技术的获取成本、研发成本以及市场推广成本等方面。相比之下，数字技术具有开放共享的特点，这为企业低成本应用数字技术与创新过程提供了可能。具体来说，数字技术的开放性和共享性使企业可以更容易地获取和使用新技术，降低了新技术的获取成本。此外，数字技术的高效性和灵活性也使企业能够更快速地完成创新产品的研发和推广，降低了研发成本和市场推广成本。从创新目标的角度来看，数字创新不再是一个孤立的过程，而是涉及多个主体之间的协作和互动，通过高度整合多方创新主体，数字创新能够实现价值共创的目标，多方创新主体的参与使创新过程更加贴近市场和用户，能够更好地理解他们的需求和痛点，从而开发出更符合市场需求和用户需求的产品和服务（Antonopoulou and Begkos，2020）。从创新要素的角度来看，传统创新主要依赖于劳动、土地、资本、知识和管理等要素，这些要素在传统创新过程中发挥着关键作用。然而，随着数字技术的快速发展，创新要素的本质属性和编排方式发生了深刻的变化。通过海量数据要素的深度嵌入和新的要素编排方式，为数字创新提供了强大的动力和支持（Lyytinen，2022）。从创新边界的角度来看，数字创新呈现模块化和融合开放的创新态势，数字技术的可供性为创新活动提供了无限的可能性和灵活性，不仅使创新过程中的各个环节可以相互渗透和融合，还使创新主体能够跨越组织、行业和地域的限制，进行更加广泛的协作和资源共享（Mubarak and Petraite，2020）。从创新过程的角度来看，传统创新往往以产品为导向，遵循线性的创新过程，从研发到生产再到市场推广，各个环节相对独立且依次进行。然而，数字创新则更加强调数字技术的研发升级，并表现为用户反向驱动的非线性过程（Jahanmir et al.，2020）。在数字创新中，研发、生产、市场等各个环节不再是孤立的，而是相互连接、相互影响的。这种紧密的互动使创新过程更加灵活多变，能够在不断试错和迭代中快速找到最佳的创新路径。数字创新以其独特的特质对传统制造业的结构和组织运作模式带来了全方位的冲击，这种冲击既是挑战也是机遇，传统制造业需要积极拥抱数字创新，通过转型升级来应对市场的变化和满足消费者的需求（王海花、杜梅，2021a）。

数字创新是一个复杂且多维的现象，由于资源和能力的限制，企业往往难以同时利用数字技术在这些方面进行全面创新。因此，识别不同数字创新模式的区别，并针对某一种或某几种创新进行努力，对企业来说至关重要。企业需要保持清醒的头脑和敏锐的洞察力，选择适合自己的创新模式并付诸实践，只有这样，才能在激烈的市场竞争中脱颖而出，实现可持续发展。不同维度的数字创新并非孤立存在，它们之间存在着紧密的联系且相互影响，呈现协同融合的发展态势。

关于数字创新的分类，Yoo 等（2012）提出了分布式创新和组合式创新两种类型。闫俊周等（2021）的分类方式为人们提供了全面理解数字创新的多维度视角，根据表现形式的不同，将数字创新细分为数字产品创新、数字服务创新、数字过程创新、数字组织创新和数字商业模式创新。还有一些学者基于价值创造视角定义数字创新，数字创新通过分层模块化构造重组数字元件，实现了对传统产品或服务的升级和改造，为用户带来了全新的体验和价值，强调数字创新在创造价值方面的核心作用（Lusch and Nambisan，2015）。Fichman 等（2014）将数字创新划分为产品、过程和商业模式创新三种类型。刘洋等（2020）将数字创新划分为产品、过程、组织和商业模式创新四种类型，这四种类型的数字创新相互关联、相互促进，共同推动着企业的数字化转型和升级。

有些学者从更细分的角度，将数字创新划分为数字技术创新、数字产品创新、数字流程创新、数字组织创新和数字商业模式创新五个维度（Hoerlsberger，2019）。数字技术创新是指数字技术本身的升级研发，数字技术创新进一步突破了创新的边界，其能够跨越这些边界，实现跨领域、跨行业的融合创新。通过引入新的数字技术，企业可以打破原有的行业壁垒，开发出全新的产品或服务，从而开拓更广阔的市场空间。数字产品创新主要涉及利用数字技术推动新产品的形成与迭代创新，这种创新形式可以分为两大类：数字技术赋能物理实体的数字化产品和纯数字产品（刘洋等，2020）。数字产品创新不仅能够推动传统产业的转型升级，提高产品的附加值和市场竞争力，还能够催生新的产业形态和商业模式，为经济发展注入新的动力。数字产品创新深刻改变了原有产品形态、新产品生产过程，使产品展现出功能无法提前界定、边界可流动、产出与过程不可分等新特征

（Blichfeldt and Faullant，2021）。这些新特征不仅使数字产品更具竞争力和吸引力，还为企业带来了更多的商业机会和创新空间。然而，其也带来了新的挑战和要求，企业需要具备更加灵活和开放的创新思维和组织结构，以适应数字产品创新带来的快速变化和市场需求。数字流程创新主要关注数字技术在改善和重构原有创新流程方面的应用，这种创新方式打破了不同创新阶段之间的界限，颠覆了传统的线性开发流程，使创意生产、试制研发、生产制造、销售物流等各个环节能够更加紧密地协作和融合（Nambisan et al.，2017）。数字组织创新利用数字技术重构了组织的各个方面，包括组织模式、治理结构和运行机制，体现在组织结构的扁平化、网络化，以及协作方式和文化的变革（Monteiro，2018）。数字商业模式创新则是通过数字技术创造或变革价值创造和获取方式，构建新的商业架构和盈利模式。这涉及从产品卖给用户转变为以用户体验为中心，利用 AI 技术、大数据技术进行精准营销，以及基于区块链技术提供安全保障等方面（Bresciani et al.，2021）。Garzella 等（2021）提出的数字技术创新商业模式的三条路径——数字化增强、数字化扩展和数字化转型，为企业在数字化转型过程中提供了清晰的指导方向。首先，数字化增强路径主要关注于通过数字技术对传统产品或服务进行改进和优化，提升其性能和用户体验。其次，数字化扩展路径则强调通过数字技术开拓新的业务领域和市场机会，包括利用数字技术提供新的产品或服务，或者将现有业务扩展到新的市场和用户群体。最后，数字化转型路径是最为彻底和深远的，它要求企业从根本上改变自身的商业模式和运营方式，以适应数字经济的发展需求。这三条路径并不是孤立的，而是相互关联、相互促进的。企业在数字化转型过程中，可以根据自身的实际情况和发展需求，选择适合自己的路径进行探索和实践。同时，企业也需要在数字化转型过程中不断学习和调整，以适应快速变化的市场环境和技术趋势。

第二节 研究综述

一、数字技术相关研究

数字经济背景下，云计算、物联网、大数据等新兴数字技术成为推动企业发展的新驱动力，不仅改变了企业的运营模式，还深刻影响了整个社会的经济发展。

（一）数字技术的概念及构成要素

在数字经济时代，人工智能、区块链、云计算、大数据等数字技术层出不穷，成为企业持续发展的新引擎。它们不仅推动了企业的数字化转型，更为企业带来了无限的创新和发展空间。Tapscott 作为数字经济领域的先驱，在其著作《数字经济：网络智能时代的前景与风险》中首次提出了数字技术的概念，并预见性地指出了未来数字技术发展所引发的互联网变革将对企业产生深远影响（Tapscott，1995）。在数字经济的推动下，企业可以更加高效地获取、处理和应用数据，实现业务流程的优化和创新。这一概念不仅揭示了数字经济时代下的核心驱动力，还为企业和组织提供了适应未来变革的重要指南。

学者普遍认为，数字技术正在以前所未有的速度改变着商业生态和运营模式。他们从不同角度对数字技术展开研究，探索其在各个领域的应用和影响。Turban 等（2007）将虚拟信息转化为数字形式，以及自然语言转换为机器语言（二进制格式的 0 和 1）的通用技术过程定义为数字技术。数字技术是通过一定的设备将各种信息，包括图、文、声、像等，转化为电子计算机能识别的二进制数字"0""1"后进行运算、加工、存储、传送、传播、还原的技术。这一转化过程不仅涉及信息的数字化，还包括信息的标准化、规范化和自动化，从而使信息能够被计算机和其他数字设备有效处理和应用。Fitzgerald 等（2014）将渗透在通信信息技术中的产品或服务定义为数字技术。数字技术不仅是一种技术手段，更是一种社会现象，它不仅改变了信息的传输和处理方式，还改变了人们的生活方式和社会的运行方式。数字技术的普及和应用正在推动着社会的数字化转型，为企业创新、经济发展和社会进步提供了强大的动力。Carlsson（2004）认为，数字技术是能够与互联网相结合并整合生产要素的新技术。在生产过程中，数字技术可以将各种生产要素如资本、劳动、技术等进行有效整合，优化资源配置，提高生产效率。数字技术正日益成为企业间、企业与市场，以及企业与顾客之间互动的关键驱动力（Ritter and Pedersen，2020）。数字技术不仅重塑了企业的商业模式和运营方式，还极大地改善了顾客体验和市场响应速度。

数字技术根据不同的研究视角和应用领域，可以有多重内涵和分类（Shen et al.，2022）。第一类基于流程创新的观点，数字技术被定义为制造业产品和服务创新的手段，这一观点强调了数字技术在优化生产流程、提高产品质量和推动产品创新方面的关键作用。数字技术被视为一种外部活动，其应用取决于企业对外部数字技术的"自主"选择，而不是原始的创新。这意味着企业可以根据自身的需求和目标，主动选择和应用合适的数字技术，以改进其产品和服务（Mackert et al.，2016）。第二类基于资源的观点，将数字技术视为一种重要的系统资源。在这种观点下，数字技术不仅是一种外部手段或工具，还被纳入公司的资源提取过程中，成为其创新活动的基础。数字技术作为资源，其应用涉及内部活动，如资源的配置、整合和管理，以支持公司的创新和发展。这种视角突出了数字技术在企业资源战略中的核心地位，强调企业需要有效地利用和管理数字技术资源，以推动其创新能力的提升（Blichfeldt and Faullant，2021）。第三类以创新理论为主导的观点，则强调数字技术作为专注于服务增量创新的先行工具。增量创新是指对现有知识的维护和更新，通过不断地改进和优化，实现产品和服务的持续改进和升级。在这一视角下，数字技术被视为推动增量创新的关键工具，能够帮助企业发现并利用新的创新机会，从而保持竞争优势。数字技术的应用不仅涉及对现有知识和技术的整合，还需要具备前瞻性和创新性，以引领行业的发展趋势（Yang et al.，2021）。

Nambisan（2017）认为，数字技术主要包含了三个核心组成部分：数字组件、数字平台和数字基础设施。数字组件作为软件或硬件的物理设备，为顾客提供特定的功能。它们是数字技术中的基础元素，既可以单独使用，也可以与其他组件组合使用，以实现更复杂的功能。数字平台则是建立在数字组件基础上的更高级别的结构。它们提供共享的通用服务和体系架构，使各种数字组件能够在平台上无缝集成和协作。数字基础设施则是与数字平台相辅相成的支持系统。它们为创新和创业提供交流合作的工具，使各方能够更方便地连接和协作。数字基础设施的建设通常涉及通信网络、数据中心、云计算平台等关键要素，它们为数字技术的广泛应用提供了必要的条件和保障。通过数字基础设施，企业可以更加高效地获取和利用数据资源，推动业务的数字化转型和创新发展。

肖旭和戚聿东（2019）深入探讨了数字技术对企业内部控制、市场营销以及创新活动和管理模式的影响，他们发现数字技术极大地提高了数据收集、整理和分析的效率，不仅有助于企业及时发现问题并采取相应的控制措施，还可以优化企业的决策流程，提高决策的科学性和准确性。邢小强等（2016）对数字技术的内涵和形式进行了进一步的拓展和深化，明确指出，数字技术不仅涉及软件和网络技术，还包括硬件技术这一重要方面。他们强调新一代信息技术如区块链、大数据、云计算、人工智能和物联网等，都是数字技术的重要组成部分。新一代信息技术不仅推动了企业内部控制和市场营销的数字化进程，还为企业创新活动和管理模式的变革提供了强大的技术支持。它们正在逐步改变企业的运营方式、商业模式和市场格局，为企业带来更加广阔的发展空间。

王孟和刘东锋（2022）深入剖析了数字技术的本质及其在传统行业中的应用价值，他们指出数字技术是一个包括实时数据采集技术、数据传输和运算技术、大数据分析技术等多种技术的统一体，共同构成了一个完整的技术链条，从数据的采集、传输、处理到分析，实现了信息的全面感知和有效利用。数字技术具有信息可溯化、编码化和惯例显性化等特点，其能够在信息处理过程中保持高度的准确性和可靠性，同时使信息更加易于理解和利用。通过数字技术，人们可以将复杂的信息转化为可编码、可量化的数据，从而更加精确地掌握和理解信息。周瑜（2020）明确指出，数字技术的基础是由信息技术、大数据处理技术、物联网、移动互联网、生物识别、云计算等多种技术组合而成，数字技术更加关注物理系统与嵌入式软件之间的信息技术交互，以及全球数据网络与分布式和交互式应用系统之间的信息技术交互。这种交互性的增强使数字技术能够更深入地渗透到各个行业和领域中，实现更加精准、高效的数据采集、处理和应用。陈晓红等（2021）对数字技术与计算机技术的关系以及数字技术的本质进行了深入而精准的阐述。他们指出，数字技术与计算机技术是相伴相生的，通过将信息转化为可供计算机识别的二进制语言，数字技术得以在计算机系统中进行运算、加工、存储和传送等操作。这种转化和处理过程使信息能够以更高效、更精确的方式被利用，从而满足生产和生活的各种需求，强调数字技术的本质是提高社会的信息化和智能化水平，数字技术还可以提高各种系统和设备的智能化水平，使它们能够更好地适应和满足人类的需求，提高生产效率和生活质量。Cenamor等（2019）强调数字技术允许组织对知识进行编码、存储、形式化和分发。在知识管理方面，数字技术发挥着不可替代的作用。通过数字化手段，组织可以将知识转化为可编码的形式，存储在数据库中，便于随时检索和使用。同时，数字技术还可以将知识形式化，使其更具逻辑性和系统性，便于理解和应用。此外，数字技术还能够实现知识的快速分发和共享，促进组织内部的协作和创新。

　　Yoo等（2010a）清晰地界定了数字技术中的设备、网络、服务和内容四个层面。设备层作为数字技术的基础，包括了计算机硬件的物理部分以及连接、控制等逻辑部分。网络层则是连接这些设备的桥梁，它包括无线电波、光纤电缆等物理传输介质，以及媒体访问等逻辑部分，确保设备之间的信息能够准确、高效地传递。服务层包含了各种应用程序功能，如访问、创建、存储和操作内容等。这些服务不仅丰富了数字技术的应用场景，还提升了用户的使用体验。内容层则是数字技术应用的最终呈现形式。它以声音、文本、图像等多种形式存在，是用户获取信息和交流的主要方式。Bharadwaj 等（2013）指出，数字技术是信息、计算、通信和连接技术的组合。Lyytinen 等（2016）认为，数字技术是由信息与通信技术所包含或通过其实现的产品与服务组成，还指出数字技术在数字化中体现为一种实用程序。这意味着数字技术不仅是一种技术工具或手段，更是一种能够解决实际问题、提高效率和效益的实用方法。通过数字技术，人们可以更好地收集、处理、分析和利用信息，从而优化决策、提升业务水平和创新能力。蔡莉等（2019）强调数字技术是由数字组件、数字平台和数字基础设施组成的，并由信息和通信技术提供支持或与之结合的产品或服务。数字组件是数字技术的基础单元，它们可以是各种硬件设备、软件程序或数据资源；数字平台是数字技术的核心载体，它提供了集成、连接和管理数字组件的环境；数字基础设施是数字技术得以运行的底层支撑，它包括网络连接、数据中心、服务器等硬件设施。Negroponte（1995）将数字技术描述为以比特作为基本要素的技术，将对生活、工作的各个方面带来巨大的影响。比特作为数字技术的基本要素，代表了信息的最小单位，通过比特的组合和传输，数字技术得以实现各种功能和应用。刘助仁（2001）指出，数字信息是数字技术的基石，代表了可以被计算机识别和处理的数据，这些数据可以是文本、图像、音频、视频等各种形式。数字信息可以实现全球范围内的实时传输和共享，打破了传统信息传递的时空限制。这使人们可以随时随地获取和使用数字信息，推动了信息的流通和知识的共享。

　　一方面，数字技术改变了传统的商业模式和供应链管理方式，使商品的生产、流通和销售更加高效和精准。另一方面，数字技术也推动了服务业的创新和发展。例如，在线教育、远程医疗、云计算等服务模式的出现，为人们提供了更加便捷和高效的服务体验。孙德林和王晓玲（2004）通过对数字技术特征的分析，指出了信息技术在发展中国家的扩散潜力和后发优势。他们认为，将数字技术作为生产要素，对于发展中国家来说是一个重要的战略选择，因为这些国家可以利用现成的技术，将发展重点转向更有突破性的技术。随着全球化的深入和信息技术的快速发展，发展中国家能够更容易地获取和采用先进的数字技术。这种技术的扩散不仅有助于提升发展中国家的生产效率和经济竞争力，还可以推动其产业结构的优化和升级。刘淑春（2019）对数字技术的定义涵盖了人工智能、大数据、区块链等新型技术，并强调了这些技术与产业的融合渗透，以实现产业的数字化转型。这不仅揭示了数字技术的核心要素，也突出了数字技术在推动产业转型升级中的重要作用。数字技术包括人工智能、云计算、大数据等技术，也包括区块链、物联网等技术（刘洋等，2020）。这些技术并不是孤立的，它们之间有着紧密的联系和互补性。通过综合运用这些数字技术，企业可以实现更高效、更智能、更安全的运营，从而推动整个社会的数字化转型。

（二）数字技术属性特点

随着数字技术的飞速发展，其属性特点逐渐引起了学者的广泛关注。他们从不同角度对数字技术进行深入剖析，提出了多样化的观点。Holmström（2018）提到的数字技术的可再结合性，揭示了这一技术在推动生产要素重构与融合方面的重要潜力，不仅体现在数字技术本身的灵活性和可扩展性上，也体现在它与其他生产要素的结合能力上。Nambisan（2017）提到数字技术的可编程性、可拓展性以及生成性，数字技术的可编程性意味着产品和服务的逻辑功能可以根据需要进行定制和调整。人们通过将产品的数字化逻辑和物理功能分离，可以更加灵活地改变其运行方式和行为模式，注入新的功能，从而满足不断变化的市场需求。数字技术的生成性展示了数字技术与多种要素结合后在不同环境中提供新可能性的巨大潜力，这不仅体现在数字技术与传统生产要素的结合上，还体现在它如何为市场创造新的价值路径。市场环境是复杂多变的，而数字技术凭借其灵活性和适应性，能够迅速响应市场变化，为企业提供定制化的解决方案。无论是面对消费者需求的多样化，还是应对竞争对手的策略调整，数字技术都能够通过与其他因素的结合，为企业注入新的功能，改变现有的市场路径，或开辟全新的价值创造途径。Von Briel 等（2018）认为，数字技术的建立可以连接多个主体进行互动，并促进资源的整合。数字技术的开放性和关联性也是其促进资源整合的重要因素。开放性意味着数字技术能够打破传统的信息壁垒，使更多的人能够参与到资源的整合和利用中来。关联性则意味着数字技术能够将不同领域的资源进行有机连接，形成更加完整和有价值的资源网络。这种开放性和关联性的结合使数字技术在资源整合方面具有独特的优势。Autio 等（2018）精准地指出了数字技术的解耦性能够减少组织对专有资产依赖并挖掘要素潜在价值。解耦性作为数字技术的一个重要特性，意味着将原本紧密关联的元素或系统分离开来，使它们能够独立操作、修改或扩展，而不会彼此产生过多的影响。在组织的情境中，这种特性对于降低对专有资产的依赖尤为重要。Yoo 等（2012）指出，数字技术具有自生长性和融合性。数字技术的自生长性体现在企业边界的模糊消融上。在数字技术的推动下，企业之间的界限逐渐变得模糊，跨界合作和创新成为常态。这种自生长性不仅有助于企业打破传统壁垒，实现资源共享和优势互补，还促进了新的商业模式和业态的诞生。数字技术的融合性体现在企业对各类数据的收集和汇总中，数字技术具有强大的数据收集和处理能力，能够将不同来源、不同格式的数据进行融合和整合，形成全面、准确的数据集。数字技术还具有共享性，大数据技术的应用使企业能够更深入地挖掘和分析数据，从而洞察市场趋势、消费者需求以及竞争对手的动态。这种信息共享不仅有助于企业制定更为精准的市场策略，还能够优化产品设计、提升生产效率和降低成本。数字技术的共享性还极大地提升了企业内部各业务主体之间的信息共享和生产协作水平（李春发等，2020）。余江等（2017）提出数字技术存在可复制性与可再生性。可复制性不仅降低了信息存储、复制与传输的成本，使信息的传播和获取变得更加高效和便捷，同时也提升了信息的可追溯性。可再生性意味着组织可以实现无边际成本再生产，也就是说，通过数字技术，组织可以不断地复制和扩展其业务和产品，而不需要增加额外的生产成本。将可复制性与可再生性结合起来看，它们为组织带来了巨大的商业价值和发展空间。通过数字技术，组织可以轻松地复制和传播其产品和服务，扩大市场份额和影响力；同时，也可以利用可再生性实现无边际成本再生产，降低生产成本，提高盈利能力。陈冬梅（2020）提出，数字孪生技术允许组织在虚拟空间中构建物理实体的数字模型，从而可以模拟整个产品运营过程。通过数字孪生，企业可以在产品推出前预测其性能、可靠性和市场接受度，进而在产品设计和生产过程中进行必要的调整和优化。数字技术的数字孪生和自我迭代等特征为企业提供了强大的支持和优势，有助于企业在激烈的市场竞争中脱颖而出，实现持续发展和创新。蔡跃洲和牛新星（2021）认为，数字技术具备渗透性、协同性、替代性三大属性。渗透性不仅体现了数字技术对各种产业和领域的深度融合，还在于它如何深刻地改变了人们的生产力和生产方式。协同性不仅提高了资源的利用效率，还推动了跨界融合和创新发展。通过数字技术的协同作用，不同产业和领域之间的壁垒被打破，新的商业模式和业态不断涌现，为经济发展注入了新的活力。随着数字技术的不断发展和完善，越来越多的传统技术和生产方式被数字技术所替代。这种替代性不仅推动了技术的更新换代和产业升级，还促进了社会生产力的提高和经济效益的提升。此外，张新春（2021）提出，数字技术的渗透性作用使新型生产资料得到普及，经济运行方式得到改变，从而最终完成生产力、生产方式的全面变革。

二、动态能力相关研究

动态能力理论能更好地适应动态的复杂环境，帮助企业建立可持续的竞争优势。随着数字经济的持续渗透，能够较好应对环境变化的动态能力进入更多学者的视野，动态能力理论也随之不断发展。该理论最早可以追溯到熊彼特竞争理论，组织通过打破市场均衡获取超额收益（Teece et al.，1997）。动态能力克服传统能力理论的核心刚性缺陷，跳脱了资源基础观的静态视角（焦豪，2021b）。

（一）动态能力的内涵

随着国内外学者对动态能力关注度的提高，众多学者从不同视角对其内涵进行了系统的总结概述。传统的能力理论往往从静态的视角看待企业的能力,而动态能力理论则强调企业在面对不断变化的外部环境时,应具备的灵活性和适应性。Teece 等(1997)率先提出动态能力是一种企业整合内外部资源以应对变革的能力。动态能力理论的核心观点在于,企业不仅需要拥有和积累内部资源与能力,更重要的是要具备一种能够整合、重构内外部资源以应对市场变革的动态能力。这种能力使企业能够在复杂多变的市场环境中,及时搜寻和辨别机遇与挑战,有选择地吸收和转化知识及其他资源,从而保持其竞争优势(Teece,2007)。Teece(2018)进一步提出感知、捕获机会、商业模式变革和广泛的资源基础是构建动态能力的重要因素。Eisenhardt 和 Martin(2000)从组织管理和流程的角度出发,认为动态能力主要涉及企业如何有效地利用资源,特别是在获取、整合和释放资源方面,突出了动态能力的关键要素,即企业对外界环境的敏感度和适应性,以及如何通过资源的有效管理来应对这些变化。这种能力不仅有助于企业在面对市场变化时保持灵活性,还能够为企业提供持续的创新和发展动力。Winter(2003)从动态视角定义动态能力用来拓展、修改、创造常规能力的高阶能力。根据 Helfat 等(2007)的定义,动态能力是一种能够帮助企业创建、扩展和完善资源基础,并为企业创新活动奠定基础的重要能力。这种能力对于企业在复杂多变的市场环境中保持竞争优势和实现可持续发展具有重要意义(Helfat et al.,2007)。

Zahra 等(2006)对动态能力的理解确实提供了一个独特的视角,他们认为动态能力不仅是企业家行为的来源,更是企业能够持续创造、定义、发现和利用商业机会,从而达到最高绩效的关键,动态能力被赋予了更深层次的意义,它与企业家的设想、战略决策以及资源的重新配置和优化程序紧密相连。Zahra 等进一步将动态能力定义为相关企业家以及高层决策者以其主要设想及战略决策来重新配置企业内外部资源及优化相关程序的能力,强调了企业家和高层决策者在动态能力形成和发挥过程中的核心作用。他们通过自身的设想和战略决策,能够指导企业如何重新配置内外部资源,优化相关程序,从而应对市场的快速变化,抓住商业机会,实现企业的持续发展和高绩效。它不仅是对现有资源的被动利用,更是通过企业家和高层决策者的主动设想和战略决策，来创造和发现新的商业机会，从而推动企业的创新和发展。Zollo 和 Winter（2002）的研究为人们理解动态能力提供了新的视角，强调了组织学习在动态能力构建中的重要作用，并揭示了动态能力与操作能力之间的本质区别。他们认为动态能力并非仅仅是一种静态的、固定的能力，而是一种通过组织学习得以发展和优化的能力。组织学习使企业能够不断地吸收新知识、掌握新技能，并据此调整和优化自身的运营模式和资源配置，从而适应外部环境的变化。Barreto（2010）对动态能力进行了深入探究，通过回顾和分析大量文献，识别了学者之间的共识与分歧，以及现有理论中的空白，进而提出了自己独到的见解，将其定义为企业系统解决问题的潜力。他特别强调了与决策相关的两个基本倾向：资源基础的重置和市场导向。资源基础的重置关注的是企业如何在竞争之前迅速做出重新配置和改造资源基础的决策。市场导向则是指公司系统地关注能够为其客户提供卓越价值的方式的程度。通过这两个倾向的协同作用，企业能够建立起强大的动态能力，实现持续的创新和发展（Barreto，2010）。Levcenko 等（2020）对动态能力的观点强调了其在组织整合过程和部门运营中的渗透性，以及其在改变组织对惯性过分依赖方面的重要作用。他们认为，动态能力并非仅仅是一个抽象的概念，而是能够深入到组织的各个层面，包括不同部门之间的整合和日常运营活动。动态能力帮助组织打破传统的部门壁垒，促进跨部门的信息共享和合作，通过重新配置组织内外部资源和综合能力，组织能够更加灵活地应对市场变化，提升整体绩效。Li 和 Liu（2014）对动态能力的定义强调了制造企业在面对复杂环境时系统性解决问题的能力，这种能力不仅要求企业具备敏锐的感知能力和高效的决策机制，还需要确保战略的有效实施和灵活调整，这些要素共同构成了制造企业在市场竞争中的核心竞争力。Mikalef 和 Pateli（2016）提出的 IT 驱动的动态能力为，企业在应对快速变化的业务环境时，如何利用其 IT 资源及能力，并结合其他组织资源和能力的能力。在一个地方企业中存在着不同的动态能力，它们各自服务于不同的目的和功能。以灵活的 IT 基础设施和业务流程的数字化为基础的动态能力，使企业能够更高效地收集、处理和分析信息，从而更准确地把握市场脉动和客户需求。

焦豪等（2008）认为，动态能力不仅是企业战略的前提，更是企业在竞争激烈的市场环境中创造、维持和提升竞争优势的关键。通过不断地创新和改进，企业能够形成独特的竞争优势，并在市场中脱颖而出。同时，动态能力还能够帮助企业巩固和提升现有的竞争优势，防止被竞争对手超越。马鸿佳等（2015）的研究揭示了动态能力在企业管理理论中的重要地位，并且提出了四个影响动态能力的因素：原本经验、核心业务、环境动态性和战略态势。他们强调，动态能力是企业通过一系列手段应对环境急剧变化的能力，这些手段主要包括不断整合、重新构建以及配置企业内外部的竞争能力。这些手段共同构成了企业动态能力的核心要素，有助于企业在快速变化的市场环境中保持竞争优势和持续发展。邓昕才等（2022）认为，营造良好的学习氛围和在团队内部开展学习活动可以有效提升组织的动态能力，进而增强组织运营的有效性。动态能力在组织运营中的重要作用确实不容忽视。它不仅能够协助组织从环境中敏锐地发掘潜在信息，还能够促进组织对知识的深入理解和有效吸收。更值得一提的是，动态能力能够与组织现有的知识体系相融合，共同构建出新的、更为完善的知识体系。

（二）动态能力的维度

动态能力作为战略管理领域的一个核心概念，其内涵界定和维度划分在学术界一直存在广泛的讨论和争议。不同的研究流派和学者对于动态能力的理解侧重点和研究视角不同，导致了在动态能力的定义和维度划分上存在一定的分歧。

Teece 等（1997）在关于动态能力的研究中，指出动态能力包括整合能力和重构能力。吴航（2016）从机会识别能力和机会利用能力两个方面对动态能力进行了分解，为理解动态能力提供了新的视角，有助于企业在实践中更好地应用和提升动态能力。吴松强等（2019）从机会感知能力和资源整合能力两个角度来解析动态能力，强调了企业在应对市场变化时，既能够敏锐地感知机会，又能够有效地整合资源，实现机会的转化和利用。

胡保亮等（2022）将动态能力划分为资源重组能力和资源重置能力，企业可以通过加强内部沟通和协作、加强外部合作和创新投入提升动态能力。从三维度来看，Wang 和 Ahmed（2007）认为适应能力、吸收能力和创新能力共同构成了动态能力，使企业在不断变化的市场环境中能够保持灵活性和适应性，实现可持续发展。Teece（2007）更加重视动态能力对抽象环境的应对情况，从感知、捕获以及重组能力三个维度来研究动态能力。Lin 和 Wu（2014）在 Teece 对动态能力研究的基础上，进一步将动态能力划分为整合能力、学习能力与重新配置能力。Zhao 等（2017）指出动态能力主要包括对知识和资源的重新配置、获取、释放以及重构能力。Li 和 Liu（2014）关于动态能力与企业创业绩效关系的研究为人们提供了从战略感知决策、即时决议、变革执行三个维度进行深入分析动态能力的视角。李树文等（2021）则从知识视角出发，认为知识创造、获取和整合能力可以作为动态能力的研究维度，企业应该注重培养和发展这些能力，以应对复杂多变的市场环境，实现持续的创新和发展。Helfat 等（2007）关于动态能力的研究强调了企业与环境的适应性、学习吸收知识的能力以及应用创新产物的能力，这些能力共同构成了动态能力的核心要素。张燕红（2018）从资源观的角度，将动态能力的层次分为资源获取能力、资源整合能力、资源释放能力。焦豪等（2021a）认为企业在实际运营中，应注重提升机会感知、机会把控和变革重构这三个方面的动态能力，以应对复杂多变的市场环境，实现持续稳健的发展。宝贡敏和龙思颖（2015）指出，感知能力、整合能力以及重构能力相互关联、相互作用，共同构成了动态能力的完整框架。梁敏等（2022）从感知机会的能力、整合利用的能力以及重构转变的能力三个方面对动态能力的构念进行了全面阐述。从过程的角度来看，大多数学者倾向于将动态能力分解为感知/搜索能力、决策/选择能力以及重新配置/部署能力等几个方面（梁敏等，2022）。Eisenhardt 和 Martin（2000）对动态能力的研究涵盖了资源的再配置、获取和释放以及整合的能力三个维度。Warner 和 Wäger（2019）通过以汽车、能源企业、银行等传统企业为对象，指出企业应该构建包括数字感知能力、数字获取能力和数字转化能力在内的动态能力支持企业数字化转型过程。这些能力的构建不仅有助于企业更好地应对技术和市场的变革，更能推动企业实现高效的数字化转型。卫武等（2013）提出的动态能力框架包括环境感知能力、整合能力和重构能力。

从多维度来看，曹红军等（2009）通过验证性因子分析，将动态能力划分为动态的信息利用能力、资源获取能力、内部整合能力、外部协调与资源释放能力这五个维度，这五个维度相互关联、相互影响，为人们提供了一个全面而深入的视角来理解和分析企业的动态能力。罗珉和刘永俊（2009）将动态能力划分为四个维度，分别是市场感知能力、学习吸收能力、网络关系能力以及协调整合能力。Mathiassen 和 Vainio（2007）提供了一个清晰的分析框架，即可以从产品生产、技术开发和技术转让这三个方面入手，不断优化和提升自身的动态能力，以应对复杂多变的市场环境。Mikalef 和 Pateli（2016）在结合 IT 发展的情境下，将动态能力刻画为感知能力、协调能力、学习能力、整合能力和重新配置能力等维度。张振刚等（2021）在大数据时代背景下，认为动态能力的主要维度包括资源配置能力、实时分析和预测能力、创新和定制化能力，这些能力在大数据技术的推动下得到了进一步的强化和拓展。董保宝和葛宝山（2012）从适应性、资源整合、学习、资源优化重组和创新五个方面对动态能力构念进行了全面而深入的分析。胡望斌和张玉利（2011）综合国内外学者的研究，将动态能力划分为五个维度：变革创新能力、资源获取能力、组织学习能力、组织柔性能力和环境洞察能力。Barreto（2010）从四个倾向性角度对动态能力进行了深入的解释，分别是感知机会和威胁的倾向、做出及时决策的倾向、做出市场导向决策的倾向以及改变其资源基础的倾向。Tondolo 和 Bitencourt（2014）将动态能力划分为创新能力、吸收能力、适应能力、感知能力以及捕获能力这五个维度。曲小瑜（2022）所指的动态能力涵盖了识别机会、整合和重新配置资源以及组织灵活性等多个方面，对于企业在竞争激烈的市场环境中保持竞争优势和持续发展具有关键意义。

三、数字创新绩效相关研究

(一)数字创新绩效的内涵

尽管学者对数字创新的研究已经相当深入,但在数字创新绩效这一细分领域的研究还相对不足。数字创新作为一种利用数字工具改变产品、服务和商业模式的创新方式,通常指的是企业通过数字创新活动所获得的实际成果和效益,包括但不限于市场份额的增长、利润率的提升、客户满意度的提高以及运营效率的优化等(Nambisan et al.,2017)。制造企业的数字创新是一个深具意义且复杂的过程,它涉及将数字传感器、云计算、物联网等新兴数字技术嵌入到企业现有的非数字化物理产品和传统服务中,从而赋予这些产品或服务以全新的数字技术特性。通过这些数字技术的应用,制造企业可以创造出具有数字技术特性的新产品或服务,还为制造企业带来了更多的商业模式和服务方式的可能性(Autio et al.,2018)。数字创新绩效作为企业成功实施数字创新活动的一种有益结果,不仅体现了企业通过数字创新所获得的组织绩效和竞争优势,还表现在企业创新能力的提升上。通过数字创新,企业能够培养并积累更多的技术知识和创新能力,进而推动企业的持续发展和竞争力提升。数字创新绩效是企业数字创新活动成功与否的重要衡量标准,它涵盖了经济效益、运营效率、创新能力以及市场竞争优势等多个方面。数字化技术引发了新的消费需求变革,消费者对产品的附加服务价值和智能化有着越来越高的需求(罗建强、蒋倩雯,2022)。企业可以通过引入智能化技术提升产品的智能化水平,通过优化服务流程提升附加服务价值,通过数字化转型提升企业的运营效率和市场竞争力。制造企业为了满足消费者对于产品附加服务价值和智能化特性的新需求,需要将数字技术嵌入传统的物理产品中,以提升这些产品和服务的竞争力(Khin and Ho,2019)。利用物联网技术,制造企业可以将物理产品与互联网相连,实现产品的互联互通和信息的共享。这不仅为消费者提供了更加便捷的产品使用体验,还为制造业企业提供了收集用户反馈和行为的宝贵数据,有助于企业更精准地理解消费者需求,优化产品和服务。数字产品创新绩效是指企业利用具有数字特性的产品或服务所获得的有益结果的衡量方式，不仅关注产品或服务本身的创新程度，更重视这些创新如何转化为实际的商业价值和竞争优势。Boeker 等（2021）利用企业在应用数字技术后获取的专利来度量其数字创新绩效。通过深入挖掘和分析专利数据，人们可以更好地了解企业的数字创新成果和潜力，为企业的创新发展和战略规划提供有力支持。数字创新绩效是企业在应用数字技术过程中，通过改善现有产品、服务和价值创造方式，所获得的一系列预期的有益结果，涵盖了数字创新产品绩效和数字创新流程绩效两个方面。数字创新产品绩效主要体现在企业利用数字技术所开发的新产品或对现有产品进行数字化改造后产品在市场上的表现。数字创新流程绩效则关注企业在实施数字创新过程中内部运营流程和价值链的改善情况，这不仅反映了企业在数字技术应用方面的成果，更体现了企业在市场竞争中的优势和潜力。

数字创新绩效是企业通过数字创新实现组织绩效提升和竞争优势获取等有益结果的综合体现。通过数字创新，企业可以积累更多的技术知识和创新经验，培养出一支具有创新思维和创新能力的人才队伍，为企业的持续创新和发展提供有力支撑。数字技术的可编程性和同质性等特征在组织创新活动中起到了举足轻重的作用（Yoo et al.，2012），随着数字技术的高速发展，数字创新应运而生。企业将数字技术嵌入其创新过程中，使产品、服务、流程以及商业模式等各个方面都具备了数字特性。数字创新还通过改变商业模式、优化生产流程、提升用户体验等方式，为企业带来了显著的商业价值。企业需要不断提升自身的数字素养，培养具备数字技能的人才，以适应数字创新的需求。

从技术角度来看，数字技术以其独特的技术特性，如可重编程、可寻址、可感知、可交流、可储存、可追溯、可关联等，为数字创新提供了强大的支持，使数字创新具备可计算、可通信、可感知等显著特征，使数字技术能够与人类进行更加紧密的互动和协作，为数字创新提供更加丰富的应用场景和体验。从管理角度来看，数字技术的可供性使数字创新具备自生长性和融合性特征，数字创新呈现创新平台化、组合化和分布化的趋势。

数字技术不仅可以不断地学习和进化，提高自身的智能水平和适应性，为企业的持续发展提供动力，还可以与其他技术和业务进行深度融合，形成创新平台、创新组合和创新网络，推动企业创新的全面升级。创新平台化意味着数字技术为企业提供了开放、共享的创新平台，促进了跨界合作和资源共享；创新组合化则强调数字技术与其他技术的组合应用，形成更加多样化的创新解决方案；创新网络化则反映了数字技术在推动企业创新过程中的分布式特点，使创新活动更加灵活和高效。数字创新打破了创新活动仅局限于组织内部的传统模式，通过引入用户参与价值共创，使创新主体更加多元化，不仅拓宽了创新的视野和思路，还极大地提升了创新的效率和效果。从过程视角来看，数字创新是通过重构企业的组织架构和运营流程等方式实现的（Boland et al.，2007），数字技术正在深刻改变企业的运营方式和组织结构，不仅帮助企业实现业务数据的实时采集、分析和处理，还推动了企业从传统的层级式管理向扁平化、网络化的组织架构转变。从结果视角来看，数字技术的嵌入为现有的产品和服务赋予了新的属性（Nambisan et al.，2017），通过云计算和大数据分析，企业可以为用户提供远程维护、故障预测和预防性维护等服务，从而延长产品的使用寿命，提高用户的满意度和忠诚度（Fichman et al.，2014）。数字创新不仅改变了企业的运营方式和组织结构，还为产品和服务注入新的活力和价值。两者的区别在于侧重点不同，过程视角更侧重于利用数字技术和数字资源来提高创新效率，关注的是数字技术在企业创新过程中的应用，以及如何通过数字资源的优化配置和整合，推动企业创新活动的顺利进行。结果视角则更侧重于利用数字技术和数字资源为现有产品和服务添加新属性，提升产品和服务的智能化水平和附加价值，关注的是数字技术如何改变产品和服务的功能、性能以及用户体验，使产品和服务更加符合市场需求，更具竞争力。

数字创新是一个多维度的概念，它涵盖了产品与服务创新、组织创新以及流程创新等多个方面（Henfridsson et al.，2018）。通过数字技术的嵌入，产品和服务能够获得新的功能和属性，变得更加智能化和个性化，从而满足用户不断变化的需求。组织创新也是数字创新不可或缺的一部分。数字技术可以重构企业的组织架构和协作方式，打破部门之间的壁垒，促进信息的流通和共享。通过构建扁平化、网络化的组织结构，企业能够更快速地响应市场变化，提高决策效率。数字创新不仅包括产品与服务的创新，还包括企业的组织创新和流程创新等多个方面，它们之间相互关联、相互促进，共同构成了数字创新的完整内涵。企业利用数字技术赋予产品服务创新、组织管理创新与业务流程创新等数字属性，进而提升数字创新绩效（Nambisan et al., 2019）。数字技术可以帮助企业打破部门壁垒，实现信息的实时共享和快速流通，从而提升组织的协同效率和响应速度。同时，数字技术还可以优化决策流程，提高决策的科学性和准确性。这不仅可以提升企业的创新能力和市场竞争力，还可以优化企业的运营效率和决策水平，进而提升数字创新绩效。数字创新绩效包括数字产品与服务创新绩效和数字流程创新绩效。数字产品与服务创新绩效是衡量企业将数字技术嵌入现有产品和服务后所取得成果的重要指标。通过数字技术，企业能够为产品和服务赋予新属性，使产品更加智能化，满足消费者的个性化需求，同时，数字技术还能为产品提供附加的服务价值（Khin and Ho, 2019）。数字流程创新绩效是企业将数字技术嵌入企业内部通过变革企业的组织结构和运营流程以提高企业的创新效率而给组织绩效提升和竞争优势获取带来有益结果的衡量（Ardito et al., 2021）。通过数字流程创新，企业可以更加灵活地适应市场需求和客户反馈，提高创新效率、降低成本、提升产品和服务质量，从而增强市场竞争力。同时，这种创新模式也有助于提升员工的工作效率，激发员工的创造力和工作动力，为企业创造更多的价值。数字技术的快速发展给企业的传统资源属性、组织结构以及运营流程带来了深刻的挑战和转变，不仅推动了企业数字能力的提升，还对数字创新绩效产生了深远的影响（Hartl and Hess, 2017）。不同的企业在数字技术应用、数据分析和人才储备等方面存在差异，这导致企业在数字创新方面的表现也各不相同。企业需要不断提升自身的数字能力，以适应数字时代的挑战和机遇。

数字创新绩效是创新绩效的组成部分，是创新绩效的拓展。数字创新绩效是企业通过引入和应用数字技术，推动创新活动并取得显著绩效的过程和结果。创新绩效是一个多维度的概念，涵盖了企业创新活动的多个方面，包括技术创新、产品创新、市场创新等。而数字创新绩效则更侧重于数字技术在这些创新活动中的应用，以及由此带来的绩效提升。企业创新绩效是用于全面评价企业创新活动的效果和效率的综合指标（刘学元等，2016），不仅反映了企业创新目标的实现程度，还可以从多个角度，如创新过程、创新产出和创新类型等，来揭示企业创新实践的优劣（许芳等，2020）。通过评估企业创新绩效，企业可以深入了解自身在创新活动中的优势和不足，从而制定更加有效的创新策略，提升企业的竞争力和市场地位。数字创新涉及用数字技术改变现有的业务流程（Yoo et al.，2010b）。为了适应数字创新带来的变革，企业需要调整组织结构，建立更加灵活和高效的工作团队，打破部门壁垒，促进跨部门的协作和创新。数字创新可以提高企业的运营效率和市场响应速度，使企业能够更快速地满足客户需求，抢占市场先机。数字创新绩效是一个全面评估企业在数字创新方面表现的重要指标，通过不断优化和提升数字解决方案的数量、质量、差异化、新颖性和成功率，企业可以在激烈的市场竞争中保持领先地位，实现可持续发展（Khin and Ho，2019）。

约瑟夫·熊彼特（Joseph Alois Schumpeter）在《经济发展理论》一书中首次提出了"创新理论"，对创新进行了深入的阐述，强调创新是把生产要素和生产条件的新组合引入生产体系。创新被视为生产过程中内生的，是一种从体系内部发生的"革命性"变化，具有突发性和间断性的特点。基于过程视角，Meeus 和 Oerlemans（2000）强调创新带来的效益是贯穿企业整体的，需要从全周期、全过程的角度来衡量创新绩效。随着市场环境和技术发展的不断变化，创新活动的目标和重点会发生调整，创新绩效的衡量方法也需要随之调整和优化，以适应新的形势和需求。郑刚等（2014）认为，创新绩效的提升不仅体现在丰硕的研发成果上，更涉及组织内部与之配套的管理和制度，以及外部市场份额等多个方面。创新活动需要组织内部的管理和制度作为支撑和保障，创新活动的最终目的是实现商业价值，占领更多的市场份额。从广义视角来看，数字创新绩效是创新过程为企业带来的整体经济效益。数字创新绩效涵盖了从创新构思到实施再到市场应用的全过程，不仅关注直接的经济效益，还注重间接的经济效益，体现了创新过程对企业整体发展的推动作用。于晓敏等（2017）强调企业应当重视并充分利用自身的独特资源要素，通过创新活动将其转化为附加价值，进而提升企业的竞争力和市场地位。数字创新绩效的提升也依赖于企业对独特资源要素的有效利用和管理，企业需要不断优化资源配置，提升资源利用效率，以更好地发挥资源要素在创新中的作用；同时还需要加强内外部资源的整合和协同，形成创新合力，以应对激烈的市场竞争。从狭义视角来看，数字创新绩效确实主要聚焦于组织的创新成果，从狭义视角来看，数字创新绩效仅指组织的创新成果，企业的专利数量、新产品发布等都是狭义数字创新绩效的重要组成部分。孙善林和彭灿（2017）将数字创新绩效分为显性、隐性和协同三种层次，更全面地评估组织的创新绩效。

在狭义视角下，数字创新绩效主要关注创新成果的市场化表现，还关注与创新相关的专利数量、技术突破（Hagedoorn and Cloodt，2003）。Freeman 等（1991）认为，数字创新绩效可以表示为技术、产品、服务等的更新速度及其销售额占总额的比重，只有当创新成果真正转化为销售额，并对企业的总收入产生积极影响时，才能称之为有效的数字创新绩效。企业在进行创新活动时，不仅要关注创新本身的质量和水平，还要注重创新成果的市场表现和商业化效益，以及创新的速度和频率。这样才能真正发挥创新的价值，推动企业持续发展和增长。Coombs（1996）强调创新成果的产出，并认为这些成果是企业通过前期的研发投入和创新学习所获得的回报，这直接反映了创新活动的有效性。数字创新绩效不仅是一个静态的结果展示，还是一个动态的过程体现，它涵盖了从创新构思、研发投入、创新学习到最终创新成果产出的整个过程。这不仅涉及技术、产品或服务的创新，更包括企业在创新过程中所形成的独特能力和竞争优势。一个有效的创新活动不仅能够为企业带来短期的经济回报，还能够为企业创造长期的价值和竞争优势。Smart 等（2008）将数字创新绩效视为评判企业是否完成创新目标的工具，强调了创新活动的目标导向性和结果导向性，创新目标不仅是技术、产品或服务的更新和升级，更是通过创新来满足客户不断变化的需求，并实现营业利润的增长。数字创新绩效的评估应该是一个持续的过程，企业需要不断地对创新活动进行监测和评估，以确保其始终与企业的战略目标保持一致。在郭玉明（2014）的研究中，通过结构方程模型对数字创新绩效的关键影响因素进行识别，数字创新绩效被明确作为评判创新活动成功与否的关键指标。在数字化时代，技术和市场都在不断变化，企业的创新活动也需要不断适应和调整，所以还应强调数字创新绩效的动态性和连续性。在广义的视角下，不仅应关注创新活动所带来的直接结果，更应强调对整个创新过程的深度理解和全面评估，应涵盖从创新思维的产生到创新产品市场推广的完整流程。Ahuja 和 Katila（2001）从广义的角度出发，将数字创新绩效视为一个从产生新想法到实施，再到打造新技术、新产品或新服务，并最终投入市场的一整套商业流程。通过这一整套商业流程，人们可以看到数字创新绩效不仅是一个结果导向的概念，更是一个过程导向的概念，它强调了对创新活动全过程的关注和管理，以确保创新活动的顺利进行和最终成功。Elia 等（2019）将数字创新绩效视作一个动态过程，数字创新绩效不仅是一个静态的结果，还是一个从研发到投入市场不断演变和发展的动态过程，专利内容、研发输入和新产品发布被用作衡量数字创新绩效的三个关键指标。陈劲和陈钰芬（2006）强调，创新不仅是一个新思想的产生过程，更是一个从思维演化为产品的全流程，产品创新和工艺创新是不可或缺的两个方面。Christensen（1995）明确指出，数字创新绩效不仅局限于产品创新，还涵盖了过程创新。产品创新通常指的是企业通过引入新的或改进的产品来满足市场需求，从而获取竞争优势。这涉及产品的设计、功能、外观等方面的创新，旨在提升产品的价值和吸引力。过程创新是指企业在生产、运营、管理等方面通过引入新的或改进的流程和方法，提高效率、降低成本、优化资源配置。在推动数字创新时，企业应该注重产品创新和过程创新的协同发展。通过不断地研发新产品、优化生产流程、提升管理水平，企业可以在激烈的市场竞争中保持领先地位，实现可持续发展。

数字创新绩效是企业吸收和利用外部知识并结合内部知识开展创新行为的结果，是一个涵盖了技术创新、产品创新、流程创新等多个方面的综合性概念（Foss et al.，2011）。这意味着企业需要具备强大的知识吸收和整合能力，能够及时获取并应用外部的新技术、新知识，同时结合自身的内部知识和经验进行创新实践。Meeus 和 Oerlemans（2000）认为，数字创新绩效的核心目的是提升组织的经济绩效，通过引入市场化的新型产品或新型服务来实现。数字创新不仅是技术层面的革新，更是与市场紧密结合的商业实践；不仅体现在产品或服务的创新上，还涉及企业内部的流程优化、组织变革等多个方面。高建等（2004）将数字创新绩效分为创新过程绩效和创新产出绩效，创新过程绩效主要关注企业技术使用流程革新的适用性和阶段性成效，而创新产出绩效则侧重于衡量企业的整体经济效益和社会效益水平的提升。通过结合创新过程绩效和创新产出绩效的评估，企业可以更全面地了解自身创新活动的实际效果和潜在价值，有助于企业优化创新策略，提升创新效率，实现可持续发展。同时，这种分类方式也为政策制定者和研究人员提供了更加清晰和具体的分析框架，有助于推动创新领域的研究和实践发展。Saunila（2016）认为，数字创新绩效是企业在创新过程中由技术创新、产品创新、服务创新等多个方面所产生的综合绩效水平。企业在追求数字创新绩效的过程中，需要注重技术创新、产品创新和服务创新的协调发展，以实现企业的可持续发展和竞争优势的提升。肖艳红（2018）认为，数字创新绩效强调企业在进行开放式创新时，技术、产品和服务流程等效益的提升效果。企业在进行开放式创新时，不仅要在技术上取得突破，还要关注产品和服务的创新以及流程的优化，通过开放式创新，企业能够提升技术、产品和服务流程的效益，进而实现整体绩效的提升。Bravo 等（2022）在开放式创新与封闭式创新对数字创新绩效的作用差距的研究中，将数字创新绩效定义为企业通过改善创新环境，促使技术、产品等不断革新的价值产出效果。通过深入理解开放式创新与封闭式创新的特点和优劣势，企业可以根据自身的实际情况和市场环境，灵活调整创新策略，以实现更高的创新绩效和价值产出。

（二）数字创新绩效的影响因素

企业的数字创新是通过利用数字技术与其关键资源互补，实现资源的创新性重组，进而改变企业的价值创造方式（王玉荣等，2022）。这不仅涉及技术层面的革新，更包括企业运营、管理和商业模式等多个方面的全面变革。数字创新并非一蹴而就的过程，它需要企业具备前瞻性的战略眼光、强大的技术实力以及灵活的组织结构，企业还需要不断学习和适应新的数字技术和市场环境，以确保数字创新能够持续推动企业向前发展。数字创新能够导致组织的产品和服务、业务流程或商业模式发生重大变化，从而进一步影响企业的数字创新绩效。数字创新能够显著改变企业的产品和服务，通过应用先进的数字技术，企业可以开发出更具创新性、个性化和智能化的产品，以满足客户不断变化的需求。通过应用大数据、云计算、人工智能等数字技术，企业可以实现业务流程的自动化、智能化和优化，提高工作效率，降低运营成本。企业参与数字创新活动是一个复杂的系统工程，需要内外部因素的协同作用才能实现有效的数字创新绩效。通过不断优化内部治理机制和积极应对外部因素的变化，企业可以在数字创新领域取得更好的成果和竞争优势。竞争带来的生存压力使诸多企业不得不积极投入数字创新活动，以寻求新的增长点和竞争优势（冯根福等，2021）。随着信息技术的迅猛发展和广泛应用，传统产业的边界逐渐模糊，产业间的融合成为一种趋势。这种融合不仅加速了信息的流通和共享，还为企业提供了更多的创新机会和商业模式。为了适应这种变化，企业不得不加快数字创新步伐，利用数字技术改善产品和服务，提升运营效率，增强市场竞争力。部分学者从资源基础观的角度深入研究了企业参与数字创新和获取良好数字创新绩效的内在驱动因素，企业的数字资源，如数字基础设施、数字平台和生态系统等，构成了企业数字创新的核心基础（Nwankpa and Datta，2017），这些资源不仅为企业提供了进行数字创新所需的物质基础，还为企业创造了在市场中竞争和发展的机会。值得注意的是，异质性的数字创新绩效不仅源于技术知识资源的差异，也源于企业内部将知识转化为成熟的商业产品等组织能力上的差异。这意味着仅仅拥有数字资源并不足以保证企业能够成功进行数字创新，还需要企业具备将资源有效转化为创新成果的能力。企业在进行数字创新时，不仅需要关注数字资源的积累和优化，还需要注重提升自身的组织能力，以更好地将数字资源转化为实际的创新绩效。

战略管理研究者普遍认为，数字技术的不断结合与创新，正在形成各种新的数字解决方案，并随后推动了数字商业模式的发展。对于企业而言，把握这一趋势并积极参与其中，将是实现持续创新和竞争优势的关键所在。为了创造价值，数字创新需要将数字解决方案和数字商业概念深度嵌入到组织中。这种嵌入不仅是一个技术层面的问题，更涉及组织的文化、结构和能力等多个方面。将数字解决方案集成到组织现有的 IT 治理结构中是关键的一步（Hartl and Hess，2017）。这通常通过优化组织内的 IT 应用组合来实现，确保各种数字技术和解决方案能够无缝对接，共同为组织创造价值。同时，将数字业务概念嵌入到组织结构中同样重要。这通常涉及对组织文化、组织结构和组织能力的全面重组。数字创新不仅是技术的更新或解决方案的引入，它更是对组织内部治理机制、资源、能力和组织战略的全面考验和重塑，数字创新对于现有组织逻辑和能力的挑战是显而易见的。数字创新也对企业的内部治理机制提出了新的挑战。企业需要完善 IT 治理结构，确保数字解决方案与现有 IT 系统的无缝对接和高效运行。同时，企业还需要优化组织结构，建立扁平化、网络化的组织结构，以便更好地适应数字创新的需求。

企业数字创新绩效的影响因素是一个复杂而多元的研究领域，涵盖了内外部多个视角和因素。网络合作与交流是影响企业数字创新绩效的重要因素之一，在数字化时代，企业不再是一个孤立的个体，而是与外部环境中的其他组织、机构和个人形成了紧密的网络联系。动态能力和组织学习同样对企业数字创新绩效产生重要影响。在开放式创新的背景下，外部因素对企业数字创新绩效的影响尤为显著。数字创新绩效的相关前因变量研究主要关注知识获取、企业间网络等领域，这些领域的行为和战略决定了企业的数字创新绩效。协同创新有助于企业间实现资源共享和优势互补，企业间的相互协作有助于打破知识壁垒，促进知识的流动和共享。通过共同研发、技术交流和人才培养等方式，企业可以获取更多的前沿技术和市场信息，从而加速技术创新和产品升级。张方华（2010）认为，企业在合作网络中通过知识流通渠道来传递与获取信息，进而促进知识储备和数字创新绩效提升。在当前数字化快速发展的背景下，企业应当积极构建和维护合作网络，充分利用知识流通渠道来获取和传递信息，加强知识储备，以提升自身的数字创新绩效。Estrada 等（2016）对企业与竞争者合作对数字创新绩效的影响进行研究，揭示了竞合战略在推动企业数字创新中的重要作用，并强调了这种战略需要与企业的能力和特征匹配才能实现效果最大化。竞合战略并非一蹴而就，它需要与企业的能力和特征相匹配才能发挥最大作用，实施竞合战略时还需要注意平衡合作与竞争的关系。从企业内部视角来看，能力和学习等因素对数字创新绩效发挥着关键影响。陈劲等（2007）指出，技术学习在多个层面上对数字创新绩效产生不同程度的影响，这包括学习内容、学习层次和学习资源等方面。王海花和杜梅（2021b）基于诱因—贡献理论的研究，揭示了员工参与在组织氛围与企业数字创新绩效之间的关键作用。员工参与不仅能使组织氛围更加融洽，还能有效激发员工的贡献意愿，从而进一步提升企业的数字创新绩效。为了提升企业的数字创新绩效，组织应该积极营造融洽的氛围、鼓励员工参与，并重视和认可员工的贡献。这样不仅可以提升员工的工作满意度和归属感，还能够激发员工的创新潜力，推动企业的持续发展。在企业层面，知识双元性、研发能力、吸收能力、知识创造和网络特征等因素确实都是数字创新绩效的重要前因变量（陈佳莹、林少疆，2014）。具体而言，知识的双元性（知识探索、知识利用）助力企业理解复杂的技术知识，有助于推动创新进程，创新能力实际上可以被认为是知识管理的关键贡献之一。吸收能力、知识创造对数字创新绩效的影响机理与知识双元性存在相似之处，它们都与知识的共享与资源的互换密切相关。企业在推动数字创新时，应注重培养自身的吸收能力和知识创造能力，加强与外部合作伙伴的知识交流和合作，实现知识的共享和资源的互补。企业的研发能力，特别是研发生产力和效率，对数字创新绩效的积极影响不容忽视。研发能力是企业创新的核心驱动力，它直接决定了企业能否在激烈的市场竞争中保持领先地位，不断推出具有竞争力的新产品和服务。

四、环境动态性相关研究

组织理论研究中对环境因素的认知可以归为"适应型""改变型"两大类。这两种认知反映了组织在面对外部环境时的不同策略和态度。"适应型"认知主张组织行动需要适应环境的发展（Birley，1985），"改变型"认知则强调组织可以通过战略选择和组织活动改变组织所处的环境（Child，1972）。战略管理研究者普遍认为，企业创新和变革活动不可避免地受到复杂多变的市场环境的影响。在数字技术快速发展的当今时代，互联网企业通过其独特的商业模式和创新手段，深刻改变了行业竞争的边界，使跨界竞争成为一种新常态。这使制造企业需要具备更强的风险抵御能力和适应能力，以便在不确定的市场环境中稳健地发展。环境动态性作为衡量外部环境变化速度和可预测性的重要指标，在制造业企业数字化环境中制定战略决策时具有不可忽视的地位。

（一）环境动态性的内涵

Miller 和 Friesen（1983）将环境动态性界定为企业所处行业内的核心产品迭代速度、技术发展速度、竞争对手活动和消费者需求的可预测性程度。市场领域多样性的增加为企业带来了更多的创新机会和动力，激励企业更频繁地利用产品、服务或技术进行创新。企业需要抓住这一机遇，加强创新能力建设，不断推出符合市场需求的新产品、新服务和新技术，以赢得更多的竞争优势和市场份额。Dess 和 Beard（1984）认为，环境动态性强调了利益相关者行动的易变性以及变动方向的不可预测性，当这些利益相关者的行动变得频繁且难以预测时，企业所处的环境就变得高度动态和不确定。对于动态性的理解，可以表述为外在环境的变化速度和可预测程度。在此研究基础上，Baum 和 Wally（2003）的研究指出，环境动态性不仅涉及行业外部环境的变化速度和不可预测程度，还包括了多个维度的变化，如利益相关者行为变化、行业发展变化、企业产品/服务变化以及技术发展变化。这些不同维度的变化相互交织、相互影响，共同构成了企业所处的动态环境。在这样的环境中，企业需要具备高度的敏感性和适应性，能够及时发现和把握市场机遇，有效应对各种挑战和风险。Stoel 和 Muhanna（2009）认为，环境动态性是衡量一个行业不稳定性水平的指标，这种不稳定性可能源于多个方面，包括客户偏好或竞争对手战略的变化速度。通过关注客户偏好和竞争对手战略的变化，企业可以更好地预测市场趋势，制订有效的战略计划，并在不断变化的市场环境中保持竞争优势。基于现有研究对环境动态性的定义，可以得出一个重要结论：环境动态性确实是影响组织所处外部环境稳定性、复杂性和不确定性的一个重要指标（Stoel and Muhanna，2009）。这种环境特征不仅反映了外部环境的快速变化和不可预测性，还体现了组织在应对这些变化时所面临的挑战和机遇。Sharfman 和 Dean（1991）依据客户需求变化趋势、行业竞争模式和行业技术发展速度，将环境动态性细分为技术动态性和市场动态性，这有助于人们更具体地分析组织所面临的外部环境挑战。其中，技术动态性强调了行业中技术发展和创新的活跃程度；市场动态性则突出了顾客需求的变化对市场的影响。在高度技术动态性的行业中，新技术不断涌现，旧技术迅速被淘汰，企业必须保持敏锐的洞察力，紧跟技术发展的步伐。在市场动态性较高的环境中，顾客需求呈现多样化、个性化的发展趋势，且变化速度较快。Autio 等（2018）提出将政府政策变化纳入环境动态性的考虑因素，并将其与市场动态性、竞争强度一同作为环境动态性的三个维度。环境动态性的基本特征在于它综合反映了行业技术环境、竞争环境、市场环境和政策环境的易变性、复杂性和不可预测性。这些特征共同构成了企业外部环境的核心挑战，要求企业具备高度的敏感性和灵活性，以应对不断变化的外部环境。

企业商业化行为受到多方面因素的影响，其中环境结构、环境中信息的可得性，以及管理者对环境信息的理解尤为关键（Dill，1958）。Duncan（1972）对环境的定义涵盖了组织决策制定过程中所考虑的全部物理以及社会因素。这些因素不仅构成了内部环境，还涵盖了企业所面临的外部环境。外部环境主要由消费者、供应商、竞争者、社会政治条件以及技术因素等组成。Emery 和 Trist（1965）提出两种环境特征：简单—复杂特征以及静态—动态特征。简单—复杂特征主要关注的是涉及因素的多少，在简单环境中，因素较少，各因素之间的关系也相对简单明了；而在复杂环境中，因素众多，且各因素之间可能存在复杂的相互作用和关联。静态—动态特征则主要考察的是环境因素是否随着时间的推移保持不变或处于持续的改变过程。在静态环境中，因素相对稳定，变化缓慢，组织可以有更多的时间来适应和调整；而在动态环境中，因素变化迅速，不确定性高，组织需要更高的灵活性和适应性来应对这些变化。Jaworski 和 Kohli（1993）将环境动态性划分为市场动态性和技术动态性两个层面，市场动态性主要关注的是客户结构及其偏好的变化速率，技术动态性则主要衡量技术变革的速率。客户需求和偏好可能会迅速变化，这要求企业必须密切关注市场动态，及时调整产品或服务策略，以满足客户不断变化的需求。

Milliken（1987）从企业感知的角度出发，认为不确定性实际上是指企业对外界环境很难甚至根本无法准确预测的一种实际经营环境情况。这种不确定性强调了环境动态性的不可预知性，即企业面临着无法准确判断外部环境变化趋势和速度的挑战。Milliken 将环境不确定性细分为影响的不确定性、反应的不确定性和状态的不确定性三类。影响的不确定性主要指的是企业无法准确预知和了解内外部环境的变化与波动将对企业自身产生何种影响；反应的不确定性关注的是企业在面临问题和风险时，无法预估所采取的应对措施会产生什么样的效果和结果，这些应对行动所产生的效果和结果对于企业又将会是什么样的影响；状态的不确定性强调的是企业所处的经营和市场环境时刻在发生变更与转化。杨泽帅（2018）所提到的环境动态性涉及企业所处的社会环境下，市场波动变化的速率以及不稳定程度。Miles 等（1978）针对不确定性定义提出了自己的想法：企业绩效组织与环境变化之间的关系，以及组织理论与策略管理受到干预时产生的不确定性。

Yang 和 Li（2011）认为，企业的创新活动会受到外部环境的影响，因此在研究企业创新活动时必须充分考虑外部环境的作用。Fine（1998）强调环境变化速度与可预测程度并不总是同向变化。这意味着，即使环境变化迅速，也不一定就难以预测；反之，环境可能相对稳定，但其变化却难以捉摸。Weiss 和 Heide（1993）则从顾客需求的变化速度和技术的变革速度两个角度来分析环境的变化速度。顾客需求的变化直接关联到市场的动态性和消费者行为的多样性，它影响着产品的生命周期和市场趋势。技术的变革速度则反映了行业技术进步的速率和新兴技术的涌现，它决定了企业的竞争力和创新能力。范志刚和吴晓波（2014）指出，环境动态性与环境变化可预测性之间的紧密关系。他们认为，如果环境的变化可以预测，那么环境就不存在动态性。Moorman 和 Miner（1998）认为，可以从市场和技术两个角度来考虑环境的作用。市场角度主要关注顾客需求的变化、市场竞争的激烈程度以及市场趋势的演变等；而技术角度则关注行业技术的创新速度、新兴技术的发展以及技术变革对企业业务模式的影响等。岳金桂和于叶（2019）指出，在动态的市场环境中，消费者的需求往往变化迅速且难以预测。市场环境的动态变化确实主要反映在顾客的需求变化上。企业需要关注市场动态，加强市场调研和风险管理，同时注重与消费者的沟通和互动，以应对市场的挑战和机遇。马文聪和朱桂龙（2011）指出，环境的动态变化会伴随竞争者策略的多变。企业需要具备高度的战略敏锐性，能够及时发现并应对竞争对手的策略调整。郭爱芳和陈劲（2013）强调了技术迅速变革对行业内核心技术以及标准制定的影响。

（二）环境动态性相关研究

环境动态性的不同水平对企业运营和市场竞争有着显著的影响。较低水平的环境动态性意味着市场需求和技术发展相对稳定，变化速度和频率都相对较低。在这种情况下，企业可以更加从容地规划战略，因为未来趋势相对可预测。而高水平的环境动态性则呈现截然不同的特点。高速且高频率的技术变化和市场需求使企业面临巨大的不确定性。在这种情况下，企业的竞争优势往往是短暂的，因为竞争对手也在不断地发起竞争行动来争夺市场份额。情境理论认为，环境动态性能够调节企业绩效形成的路径（Lumpkin and Dess，2001）。这是因为环境动态性通过影响企业的决策过程、战略制定和实施，以及组织结构和文化等方面，进而影响到企业绩效。环境动态性是企业战略变革的重要外部驱动因素，随着科技的快速发展、市场竞争的加剧以及消费者需求的多样化，企业所处的外部环境日益复杂多变，这种变化不仅要求企业调整市场定位、优化产品结构，更需要在战略层面进行深刻的变革，以适应新的市场环境（邓新明等，2021）。环境动态性作为一个调节因素，能够影响组织能力、组织学习、商业模式创新等因素对企业创新绩效的直接影响（贾慧英等，2018）。在快速变化的市场环境中，企业应对环境动态性的组织能力对获取财务绩效具有至关重要的作用（刘刚、刘静，2013）。环境动态性通过激发企业进行商业模式创新，进而影响企业的创新绩效（王炳成等，2020）。在高度动态的环境中，传统的商业模式可能已经无法适应市场的变化，因此，企业需要不断探索新的商业模式，以应对市场的挑战。

数字技术的快速迭代性极大地加剧了制造业市场环境的动态性，使顾客需求变得越发不可预测。在这种高度动态的环境中，企业面临着前所未有的挑战，需要快速响应市场变化，不断调整和优化自身的战略和运营模式。企业所有的活动都是在特定的环境大背景下开展的，环境因素对企业经营决策的影响是巨大的。环境不仅会影响企业的市场定位、产品策略，还会对企业的战略制定、技术创新、产品迭代以及服务创新等核心活动产生深远影响。Chiu 和 Yang（2019）在研究中引入了环境动态性作为调节变量，深入探究了信息技术应用、服务创新以及竞争优势之间的关系，环境动态性在服务创新与竞争优势的正向关系中起到了加强作用，对于信息技术应用与竞争优势的负向关系起到了缓解作用。张永云等（2021）在研究知识管理与商业模式创新关系时，将环境动态性作为调节变量进行分析，环境动态性越高，企业对于进行商业模式创新的需求越大，不仅符合当前的商业环境趋势，也为企业如何在高度动态的环境中实现可持续发展提供了有价值的理论支持。Dubey 等（2020）通过一项基于 256 份调查问卷的研究，得出了环境动态性在创业导向、大数据与人工智能能力以及企业运营绩效之间具有正向调节作用的结论。Ahmed 等（2022）在探讨中小企业数字平台能力对组织敏捷性的影响时，将环境动态性作为调节变量，并认为环境动态性会抑制中小企业将数字平台能力转化为增强智力资本的能力。中小企业还需要制定灵活的战略和运营模式，以适应环境的变化。在面对市场波动、技术变革等不确定性因素时，企业需要保持敏锐的市场洞察力，及时调整战略方向，优化资源配置，以确保其稳健发展。

然而，环境的动态性对于企业发展并不总是能带来积极的影响。环境的动态性对于企业发展的影响具有双面性，既有正面的促进作用，也可能带来负面的挑战。在瞬息万变、充满不确定性的市场环境中，组织需要时刻保持警惕，紧跟市场变动的步伐，并不断提升自身应对变化和处理风险的能力。这是因为市场环境的快速变化不仅带来了新的机遇，还带来了更多的挑战和风险。组织如果不能及时适应这种变化，就可能面临被市场淘汰的风险。王凤彬和陈建勋（2011）在研究领导行为时深入探讨了变革型领导行为的影响。他们发现，在这种环境下，变革型领导行为受到形势的鼓舞，从而得到促进。形势不仅要求领导者增强自身的创新意识，还鼓励他们进行更多的探索性尝试，最终对企业绩效产生正向的调节作用。张映红（2008）利用实证工具研究企业创新战略和企业绩效之间的关系，特别引入了环境动态性作为调节变量，研究发现，环境动态性对创新活动与企业绩效之间的关系具有正向调节作用。当环境动态性较高时，企业需要更加灵活地应对各种挑战和机遇。创新战略可以帮助企业开发出更符合市场需求的产品或服务，提升企业的竞争力和市场地位。同时，创新还可以帮助企业优化运营流程、降低成本、提高效率，从而进一步提升企业绩效。

在动态环境中，企业面临着风险与机遇并存的局面。这种环境的特点是不确定性和快速变化，使企业领导者在决策时需要更加谨慎和敏锐。环境动态性不仅可能带来市场机遇，还可能导致潜在的风险和挑战。环境的动荡和不稳定因素可能对员工的心态产生负面影响。当员工对行业丧失信赖感和认同感时，他们可能会感到焦虑和不安，这种心态的变化可能会进一步加剧环境动态性所带来的负面影响，形成恶性循环。Shen 和 Li（2010）的研究揭示了环境动态性对企业内部建设和创新活动的影响。当环境动态性增强时，企业和组织往往面临更大的挑战，难以将资源和管理部署专注于内部建设。这种情况可能导致企业内部的各职能部门在协作方面遇到困难，甚至对内部各职能单位追求创新形成负面调节作用。陈国权和王晓辉（2012）在系统研究环境动态性对组织学习和组织绩效的影响后发现，环境的急速变化使组织学习变得更加困难，进而对组织绩效产生更强的负向影响。

Dess 和 Robinson（1984）提出了环境三维度框架——宽松性、复杂性和动态性。其中，宽松性维度关注的是资源的稀缺性和可用性以及竞争状况，在一个宽松的环境中，资源相对丰富，企业更容易获取所需的资源来支持其运营和扩张；动态性维度描述了环境变化的速度和稳定性，在高度动态的环境中，市场趋势、技术发展和消费者需求都在不断变化，这使企业很难预测未来的发展方向；复杂性维度关注的是环境因素的数量和差异性，在一个复杂的环境中，企业面临的各种因素可能相互交织、相互影响，这使决策变得更为复杂。Lumpkin 和 Dess（2001）的研究提出了环境不确定性的维度——敌对性与动态性。其中，动态性维度关注的是企业环境的不可预测性，在一个高度动态的环境中，市场趋势、技术革新、消费者需求以及竞争态势都在快速变化；敌对性维度则反映了环境中存在的竞争压力和对立因素，在一个充满竞争和敌对性的环境中，企业可能面临来自同行、替代品以及新进入者的威胁，这种环境不仅要求企业具备强大的竞争力和创新能力，还需要管理者具备高度的战略眼光和应对危机的能力。王伟毅和李乾文（2007）的研究表明，企业外部环境的易变性与不确定性在含义上基本相符，都强调了外部环境中不可预测和难以控制的因素，以及资源的可获得性、适宜性以及敌对性之间的密切关系，还特别关注市场和制度这两个核心方面，以便更好地适应外部环境的变化，实现可持续发展。金佩华（2014）以中国台湾中小企业为研究对象，提出在研究企业环境时，应从敌对性与动态性两个关键维度进行深入分析。

环境动态性作为一个关键的情境变量，在多个研究领域中都发挥着重要作用，包括但不限于技术创新、学习、绩效以及国际化等方面。Simsek等（2009）认为，当外部环境发生动态变化时，企业会面临更多的市场机遇和挑战，这为企业提供了进行技术创新的强大动机；在快速变化的环境中，企业需要不断适应新的市场需求、技术趋势和竞争格局，以保持竞争优势和市场份额。Chakravarthy（1997）的观点强调面对市场的快速变化，企业需要积极应对，通过转型来适应新的环境，以保持其竞争力和市场地位。彭云峰等（2019）明确指出，市场不断地变化会导致企业现有的资源和优势失效，进而推动企业进行技术创新。在快速变化的市场环境中，企业过去所依赖的资源、技术、经验和市场地位可能逐渐失去效用，无法再为企业带来持续的竞争优势。Tamayo-Torres 等（2017）认为，当环境动态变化程度过大时，确实会给企业的技术创新活动带来阻碍，进而降低企业的创新效果。Girod 和 Whittington（2016）通过研究发现，在环境发生动态变化时，消费者往往期望企业能够设计出更具创新性的产品，这种期望反映了消费者对新颖、独特且能够满足其不断变化需求的产品的追求。曹勇等（2019）在研究企业创新氛围和创新绩效的关系时，认识到企业创新氛围是推动创新绩效提升的关键因素之一。企业需要综合考虑内部创新氛围和外部环境的动态变化，制定合适的创新战略和措施，以应对市场挑战并提升创新绩效。秦立公等（2019）的观点与权变理论高度契合，强调了企业在应对环境变化时，应注重战略调整、关注客户需求和技术更新换代，并加强知识管理，以增强创新实力。Agarwal 和 Bayus（2002）通过研究认为，在外部环境技术变化迅速的情境下，企业需要特别关注资源整合能力的提升，通过加强技术研发、人才培养、市场洞察和合作网络建设等方面的努力，企业可以更好地应对技术变化带来的挑战，提升技术成果商业化的效率。奚雷等（2018）认为，环境的动态变化能够调节外部学习与双元创新之间的关系。具体来说，当环境变化较为剧烈时，企业需要更加积极地进行外部学习，以获取更多的新知识和信息，应对市场的快速变化。王欣和徐明（2018）在研究知识管理在企业创新组织环境与创新绩效之间的中介作用时指出，一个高度动态的环境意味着市场需求、技术进步和竞争态势都在不断变化，这要求企业必须具备高度的适应性和创新能力。王永健等（2016）在研究强弱关系对企业突破式创新的影响时，深入探讨了环境动态变化在其中的调节作用，其对强弱关系与创新之间的关系产生调节作用。在高度动态的环境中，企业可能更加依赖弱关系来获取新的信息和资源，以应对市场的快速变化，强关系也可能在稳定的环境中为企业提供更可靠的支持和保障。任鸽等（2019）在研究高管从事国际化活动的经验对企业国际化进程的影响时，深入探讨了环境动态性在其中的调节作用，环境动态性能够增强高管国际化经验对企业国际化进程的影响。具体来说，在高度动态的环境中，高管能够凭借其丰富的国际化经验，更准确地把握市场机遇，更有效地应对各种风险和挑战。企业需要在数字化过程中保持敏锐的洞察力，灵活应对市场变化，以实现可持续发展。

第三章 传统制造企业数字技术、动态能力与数字创新绩效的关系

第一节 相关概念界定

本章为了更加清晰地梳理变量关系，提出了合理研究假设，构建了理论模型，进一步将关键变量的概念进行了总结与界定。

一是数字技术的相关研究。数字技术逐渐在企业各个业务部门之间渗透，数字经济在社会经济活动中的作用也更加灵活。由于本章意在讨论数字技术对数字创新绩效之间的作用机制，故本章采取以创新理论为主导的观点对数字技术进行概念界定，认为数字技术是企业对产品和服务的知识进行维护和更新的先行工具，能够单独与其他要素一起推动企业创新活动（Shen et al.，2022）；并认可学者提出的数字技术具有自生长性、融合性、共享性和灵活性等属性特点（Yoo et al.，2012；李春发等，2020；余江等，2020）。

二是动态能力的相关研究。高会生和王成敏（2020）在研究中发现，企业在数字化转型过程中存在两种动态能力，分别是内在推力和外部拉力两种。张林刚等（2022）将动态能力划分为内部和外部两个方面，其中外部动态能力主要考察感知、捕获与转型能力，内部则包括对资源整合与新

技术的学习吸收。本章在探究数字技术对数字创新绩效的影响时，不容忽略动态能力在其中的作用，为了更加全方位地考察动态能力的作用，本章参考上述分类维度，并将动态能力定义为企业能够迅速应对变化的环境，同时提升企业有效处理问题的效率的能力。外部动态能力是企业打破核心刚性持续不断的更新能力，包括感知、捕获和重构三个方面；内部动态能力是企业注重内部调节，进而获取更多价值的能力，包括吸收和整合两个方面（张林刚等，2022）。

　　三是数字创新绩效的相关研究。伴随数字经济的日益渗透，消费者也更加重视产品和服务的附加价值，提出了更高的需求，企业将数字技术应用到传统产品与企业服务中进行创新，而数字创新绩效是企业实施此类创新活动的一种有益结果。本章考察应用数字技术后的数字创新绩效，采纳 Ardito 等（2021）的观点，认为数字创新绩效是企业通过数字技术赋能产品、服务和企业价值创造方式所获得的有益结果，包括数字产品创新绩效和数字流程创新绩效。

　　四是环境动态性的相关研究。环境动态性考量企业所处环境中的不确定性和易变程度。本章关注环境动态性在数字技术、动态能力与数字创新绩效关系中的调节机制，同时期望发现其在数字技术应用到数字创新绩效获取中的调节作用。因此，本章参考 Jaworski 和 Kohli（1993）对环境动态性的理解，将其定义为企业所处技术、市场环境的不可预测性和多变性的程度。

第二节　数字技术、动态能力与数字创新绩效的关系模型

一、变量关系梳理

（一）数字技术与其他变量的关系

在数字经济时代，数字技术逐渐成熟，人工智能、区块链等数字技术

层出不穷，逐渐成为企业持续发展的新引擎。传统的资源基础视角已无法解释企业如何运用数字技术获取企业创新绩效的过程，以及如何在动荡复杂的环境下开展组织活动，构建动态能力，打造独特竞争优势。Abrell 等（2016）强调了数字技术在企业构建吸收能力中的重要作用，指出组织可以通过数字技术的快速收敛与扩散影响吸收能力。张吉昌和龙静（2022）发现，数字技术应用使企业组织结构和管理机制更加适应环境变化，有利于组织进行突破式创新。

数字技术本身的自生长性、共享性和灵活性等特点使数字经济环境更加动态易变，难以预测，这也激发了企业通过不断地创新打造竞争优势。在复杂多变的环境下，动态能力是保障企业适应环境的根本能力，能帮助企业更好地面对市场环境。已有研究表明，动态能力能够脱离刚性约束，打破组织惯性，企业可以利用数字化转型强化适应能力，进而提升创新绩效（乔鹏程、张岩松，2023）。当前经济背景下，学者的理论探索和企业的实际行动无一不在证明传统制造业企业对数字技术的运用是大势所趋，企业需要掌握数字技术，以数字技术为基础，需要协同内外部资源实现数字创新绩效的获取，打造独特竞争优势。因此，积极利用数字技术的同时，不仅需要具有应对复杂环境的能力，还需要不断创新实现企业价值。

（二）动态能力与其他变量的关系

随着经济全球化的加速发展，企业之间的竞争模式已经逐渐转变为变动形态。已有学者探究了动态能力与企业绩效之间的关系，如果一个企业具有较好的灵活应对的动态能力，那么可以更好地促进企业绩效的改善与提升（宝贡敏、龙思颖，2015）。外部动态能力指企业突破组织惯性，能够灵活应对环境变化、持续更新的能力，内部动态能力是企业内部自我调节的能力，是通过整合内部资源、吸收外部资源重新组合转化来获取更高价值的能力（张林刚等，2022）。数字创新不仅强调数字技术与企业生产研发的紧密结合，还寻求结合数字技术，根本性转变企业基础设施、生产经营、商业模式等组织间关系（Chanias et al.，2019）。动态能力可以更好地适应环境、应对技术变化，同时保持企业在环境发生巨大变化时，更有效、更快速地处理问题。

数字经济的蓬勃发展等外部环境的动态性和复杂性无一不要求企业增加对动态能力的需求。企业的动态能力发展需要与外部环境的变动相匹配，这样的匹配关系能够为企业形成可持续的竞争优势打下坚实的基础。动态能力可以通过感知外部环境的变化，抓住数字市场机遇，从而提升企业数字创新绩效。因此，传统制造业在数字技术的应用和开发过程中，必不可少需要面对动态能力的形成，而动态能力能够帮助企业更好地应对环境的动态性，有效利用数字技术从而提升企业数字创新绩效。

（三）环境动态性与其他变量的关系

环境动态性能够考量企业所处环境的易变与不可预测程度。稳定的发展速度与能精准预测的消费者偏好是低环境动态性的特点，当环境动态性较低时，企业更容易依赖经验论或者组织惯性去生产经营，当然企业面临的外部竞争也相对较少且简单。但数字技术的出现使制造业的外部环境发生了巨大的变化，基于数字技术的灵活性，数字化的环境造就了更高的客户期待、更激烈的市场竞争和更加快速的技术迭代，这些挑战都对企业发出了变革创新的信号。组织在收到信号时，必须改变传统的发展逻辑，主动感知外部威胁、抓住数字技术的发展机遇，整合内外部资源以获取竞争优势（叶丹等，2023）。在一般动态与高度动态的环境下，动态能力可以随着外部环境的动态程度而变化，不仅如此，不同环境下的企业动态能力的效果也可能存在差异。环境的跌宕起伏也增加了企业数字创新的紧迫感，传统制造企业需要不断强化自身的动态能力应对复杂的环境，助力企业在数字经济时代高环境动态性背景下抓住数字技术的转型机会，提升企业数字创新绩效。针对当前现状有必要探讨环境动态性在传统制造企业数字技术应用与数字创新获取关系中的影响。

二、研究假设

（一）数字技术与创新绩效

数字技术的不断渗透与升级迭代使经济发展的模式和路径正在以前所

未有的速度和方式发生变化。数字技术作为一种资源，使具有不同目标和能力的创新者之间紧密互动，催生了新的价值创造方式、创新流程和商业模式（陈庆江等，2023）。数字技术的共享性使企业可以低成本运用数字技术于创新过程中，数字技术的发展程度越高，更有助于企业的价值创造和绩效提升（李春发等，2020）。在数字化的经济背景下，要想理解数字创新必须结合技术本身的特点。数字技术具有自生长性和融合性，可以随着产品和服务的变化及时创新迭代（Yoo et al.，2012）。同时融合性也使企业能够跨越企业边界，跨产业融合开展创新活动。共享性则更加强调多主体合作与共享，帮助供应商、用户甚至是竞争对手在数字技术的基础上更加高效地参与到创新的过程中（李春发等，2020）。数字技术的灵活性帮助企业实现信息的处理和总结分析，进一步影响企业的创新决策（余江等，2020）。数字技术的融合性通过对资源、信息、知识和能力的重新整合，持续推动组织创新（陈庆江等，2023）。结合数字技术的特性，有效地提高企业的工作效率，并应用于企业创新的环节中，有助于企业实现数字创新绩效的获取。

诸多技术驱动创新的学者提出数字技术是数字创新的驱动力，组织通过数字技术应用从根本上提升自身创新绩效（Westerman et al.，2014）。数字技术的应用是传统制造业企业开发新产品、优化现有服务的关键前提，灵活运用数字技术有助于产品开发效率的提升和服务体验的优化。通过应用数字技术，传统制造业企业更敏捷地识别市场环境，更准确地预测未来的发展方向和趋势，利用数字技术赋予产品或服务以数字技术特性的创新，提高了企业的核心竞争力。在数字化时代，用户更倾向于通过线上分享第一手信息的偏好。数字技术能够帮助企业获取用户动态，进而获取新产品灵感，快速迭代的数字技术逼迫企业制定创新战略，使企业更具创新活力。非数字化时代，传统制造业企业依赖于高成本的研发投入，然而在数字时代运用数字技术开发的新产品在市场上具有巨大潜力，基于数字技术的创新对于企业识别数字商机并获取数字创新绩效至关重要（叶丹等，2023）。因此，数字技术有助于企业获取市场信息，激发企业产品开发灵感。

数字技术作为信息技术资源在企业实践过程中不断为业务流程创新赋能，企业可以通过应用数字技术实现高效地调配资源、探索内外部知识和信息资源来获取更多优势（Rossini et al.，2021）。企业可以利用数字技术发掘市场需求，进行不断的拓展创新，并在此基础上不断改进与完善，实现业务流程的创新。数字技术允许企业进一步降低自身成本，改变成本结构、优化数字创新流程、打破企业边界、扩大创新者范围，通过高效协同提升企业流程创新绩效。基于数字技术对企业战略和数据处理分析的支撑，帮助企业实现精准营销。数字技术推动企业变革价值创造和价值获取方式、创新升级商业模式、搭建合作商、客户多方参与、协同共生的生态系统（朱晓武，2019）。除此以外，数字技术还可以提高组织的内外部沟通效率，提高企业应对市场变化的敏捷性。数字技术的应用为企业充分吸收外部知识提供了多种多样的方式，使内外部知识得以被重新整合与吸收并作用于企业的创新效率。数字技术的发展越成熟，企业接触到的内外部资源越多，对资源整合的敏感度越高，越有利于产生新的有价值的想法，进而有效促进创新绩效的提升（王海花、杜梅，2021b）。

根据以上研究内容，围绕传统制造业企业的数字创新活动，本章提出假设：

H1：数字技术对数字创新绩效存在显著正向影响。

H1a：数字技术对数字产品创新绩效存在显著正向影响。

H1b：数字技术对数字流程创新绩效存在显著正向影响。

（二）数字技术与动态能力

数字技术的快速渗透正在影响企业的环境发生巨大的变化，无疑也对企业的资源配置，内外部协同以及生产经营方式产生巨大的冲击。数字技术的自生长性、融合性、共享性和灵活性不断在企业的生产经营活动中渗透融合，对企业高效解决问题的能力提出了更高的要求。动态能力作为一种能够持续不断适应外部环境变化的高阶能力，在数字经济时代企业发展中扮演重要角色（Teece et al.，1997）。数字技术是企业迈向数字化时代的关键支撑资源，要充分发挥数字技术的作用，企业必须具备与外部环境相适应的感知、捕获和重构的能力以及与内部协调资源以创造价值的整合和吸收能力（张林刚等，2022）。

在数字经济背景下，对于传统制造企业而言，仅仅利用数字技术改变企业的流程和服务是远远不够的，还需要企业培育动态能力来维持数字时代的竞争力（Svahn et al.，2017）。数字技术的自生长性能够帮助企业及时获取外部信息，根据用户的反馈做出快速响应（Yoo et al.，2012）。数字技术的融合性和共享性对企业内外部资源整合提出挑战，企业能够利用数字技术不断获取所需的资源（李春发等，2020）。数字技术的共享性和灵活性有助于优化沟通渠道，提高效率，降低组织由于信息不对称所导致的风险（余江等，2020）。数字技术的种种特性也使企业的管理者需要关注动荡复杂环境下企业的动态能力的构建。从外部来讲，管理者需要感知能力去识别外部环境中可能对企业造成破坏的情况，建立感知能力进而掌握数字技术自生长性带来的各种信息反馈（Helfat and Raubitschek，2018）。由于数字化发展具有破坏性，传统制造业企业亟须构建合适的数字化捕捉能力，合理调配企业内外部资源，提升企业的环境敏感度、战略敏捷性，为快速响应数字技术灵活性带来的机会与威胁做好充足准备（Teece，2014）。随着数字技术对产品服务等影响的加深，原有的战略资源可能不足以支撑企业发展，因此企业有必要根据市场变化和更新的战略及时调配资源，利用重构能力寻找新的适合当前发展的生产运营方式。感知、捕获与重构能力的协调配合才能保证企业对数字技术渗透做及时回应。从内部来讲，资源本身不能带来竞争优势，有效解决资源矛盾的能力至关重要（Vial，2019）。拥有吸收和整合能力的传统制造业可以充分对内外部资源进行消化吸收和利用，整合当前有限的技术和资源，从而精确有效地提升创新绩效（Warner and Wäger，2019）。将从外部与内部发展来的知识进行吸收与利用不仅提高资源的利用效率，还对员工的能力也有一定的影响作用。整合能力即对企业资源进行合理部署，重新匹配和整合内外部资源，把握数字机遇（Vial，2019）。

基于此，围绕数字技术与动态能力的关系，本章提出假设：

H2：数字技术对动态能力存在显著正向影响。

H2a：数字技术对内部动态能力存在显著正向影响。

H2b：数字技术对外部动态能力存在显著正向影响。

（三）动态能力与数字创新绩效

数字经济时代，动态能力是企业获取竞争优势的来源（Teece et al.，1997）。企业要想利用数字技术实现数字创新绩效的获取，企业能力也需要随着环境的变化进行调整、重构（Zahra et al.，2006）。以数据资源为基础，构建动态能力有助于有效管理大数据中的各项组织资源，从而推动企业进行创新活动的资源配置。此外，动态能力提升企业的战略柔性和灵活性，对竞争优势产生间接影响。这既能影响企业对原来数据的流程开发，也能帮助企业对现有流程进行数字化升级，从而开展创新活动，获取创新绩效（Akter et al.，2020）。

从外部来看，部分研究者认为企业在动荡环境生存发展中感知机会或者风险，及时调整战略推进，准确预测环境变化并快速响应，在竞争中占据优势地位（Teece，2007）。组织可以利用捕获能力抓住机遇应对威胁，并且更强的捕获能力可以通过对企业外部资源的获取与积累创造出更多的发展机遇，支撑企业自身的资源基础。动态能力通过实时感知外部环境变化并且适时调整自身，重构内外部资源以实现组织创新（谭云清等，2013）。从内部来看，拥有动态能力的企业出于对资源的渴求，会积极丰富自身的知识储备，形成企业创新的资源基础，通过吸收不同资源并创造性利用从而提高创新绩效（Zahra et al.，2006）。拥有不同资源信息之后需要对其进行整合升级，在量的基础上实现质的飞跃，从而实现企业的创新绩效。在瞬息万变的市场环境下，企业可以通过感知并捕获内外部的知识资源，合理调配资源进行吸收、整合以及重构等活动，并将其融入创新活动中，转化为企业持续发展的动力。

在数字经济时代的组织变革中，动态能力正向促进创新绩效的提升（苏敬勤、刘静，2013）。企业可以利用动态能力的感知、捕获以及重构对组织资源进行合理再创造，通过感知和捕获对市场和产品信息进行预测和分析并激发产品开发灵感，利用重构能力将这些资源应用到企业产品开发创新的全流程中。同时，有了外部动态能力的加持，企业不断吸收新知识、新技术并将其与企业资源进行创新式利用，利用新吸收到的知识进行整合升级，优化组织运营活动流程。动态能力允许企业将感知识别到的知识、信息资源进行整合优化，并通过创新的手段为业务流程与产品开发创新赋能。

基于上述研究，建立在动态能力与数字创新绩效的关系上，本章提出假设：

H3：动态能力对数字创新绩效具有显著积极作用。

H3a：外部动态能力对数字产品创新绩效具有显著积极作用。

H3b：外部动态能力对数字流程创新绩效具有显著积极作用。

H3c：内部动态能力对数字产品创新绩效具有显著积极作用。

H3d：内部动态能力对数字流程创新绩效具有显著积极作用。

（四）动态能力的中介作用

企业运用数字技术赋能产品服务创新、变革产业体系和价值创造模式的根本目的在于获取数字创新绩效（Zhen et al.，2021）。随着各个企业之间的边界逐渐模糊，数字技术作为企业数字化时代发展的关键资源支撑，加速组织的资源调整和价值挖掘，为企业内部动态能力的构建提供更大可能性（张吉昌、龙静，2022）。企业可以通过高效地吸收、整合并合理利用海量信息、资源，支持企业的产品与流程创新活动和动态能力的构建，从而驱动企业利用数字技术进行创新。动态能力通过感知、捕获与重构能力，推动企业持续建立和更新资源，以快速响应外部市场环境的变化，为企业在数字经济中整合数字技术、实现业务流程改进优化、提升运营效率等创新活动提供思路（Teece，2007）。传统制造企业在实现数字创新绩效的过程中依赖企业对机会与威胁的感知与把握、对市场环境与产品开发的精准预测、对资源的协调调整，这些活动离不开动态能力的支持。

与传统意义的产品创新不同的是数字产品创新是对产品、销售等多个组织部门的不同知识进行重新组合的过程（Yoo，2010）。在这一过程中，数字技术与动态能力的有效匹配是获取数字产品创新绩效的重要前因，数字技术作为支撑数字化发展的重要资源，对企业的创新活动具有影响，但从数字技术到获取数字创新绩效离不开动态能力对资源的合理配置，动态能力可以适时根据环境调整自身进而实现组织创新，转化为数字化竞争优势（谭云清等，2013；张吉昌、龙静，2022）。动态能力的发展有助于管理数字技术资源进行跨部门活动，并对数字产品创新绩效提供技术支持。由于数字技术的加速创新对企业的能力提出了更严格的要求，传统制造企业在灵活运用动态能力的基础上，需要从内外两个方面将动态能力整合到组织业务流程中。其中，将数字技术内部化应用的过程有利于推动组织数字化并持续开展数字创新。

数字技术连接了众多的企业利益相关者，企业所面临的市场环境与技术环境瞬息万变，数字技术不仅对创新流程进行解构与定位，同时，促使企业的创新模式向精益式转变。数字技术所引发的创新行为必须具备一定能力的支撑，较强的动态能力能够确保数字技术作用的充分实现（周洲、吴馨童，2022）。具备动态能力的组织更容易识别到数字技术应用过程中多种资源要素间的相关性，转换创新资源动态化发展，实现创新唤醒。吸收和整合的内部动态能力加速组织整合利用与数字技术相关的创新资源；感知和捕获能力帮助企业精准定位市场需求，掌握环境变化基本方向，降低创新风险；重构能力协助组织快速把握新资源与新技术，更准确、更快捷地匹配组织业务活动，唤醒创新潜力（陈庆江等，2023）。

基于相关研究进展，本章提出假设：

H4：动态能力部分中介数字技术与数字创新绩效的关系。

H4a：内部动态能力部分中介数字技术与数字产品创新绩效的关系。

H4b：内部动态能力部分中介数字技术与数字流程创新绩效的关系。

H4c：外部动态能力部分中介数字技术与数字产品创新绩效的关系。

H4d：外部动态能力部分中介数字技术与数字流程创新绩效的关系。

（五）环境动态性的调节作用

1. 环境动态性对数字技术与数字创新绩效关系的调节

在数字化时代，数字技术使传统制造业企业所处的环境更加动态，数字技术应用和数字创新活动开展均受环境因素的影响。为了应对动态复杂的环境、激烈的全球竞争、变幻莫测的消费者需求和频繁的技术迭代等多重挑战，企业需要积极利用数字技术，改变发展逻辑、开展数字创新（叶丹等，2023）。高度波动的市场环境推动传统制造企业将数字技术赋能于产品创新，数字技术的快速更迭也增加了企业产品研发与创新的速度。数字技术资源与产品开发需求的融合这一过程有助于增强企业对环境动态性的敏锐识别度，对环境变化敏感度越高的企业越有可能开展数字产品创新活动。综上，环境变化的程度越剧烈，传统制造企业为应对挑战有更大的可能性利用数字技术开展数字产品创新活动。

环境的高度动态性给企业的发展带来诸多挑战同时蕴含机遇，传统制造企业对环境的敏锐程度有助于积极应对潜在风险。通过应用数字技术创造相对优势的组织能够快速把握市场发展态势并做出积极回应（Eisenhardt and Martin，2000）。由于组织所拥有的技术和产品生命周期越来越短，传统制造企业的原有技术和产品的竞争力越来越难以保持，亟须数字技术赋能产品服务，变革组织结构。变幻莫测的市场环境下，传统制造企业合理分配资源，利用数字技术快速获取环境变化与市场信息成为转变危机的关键，开展数字创新预测消费者需求变化成为必然选择（张永云等，2021）。数字经济的破坏性影响了传统制造企业的运营效率，组织结构也无法适应复杂的环境变化，传统制造企业有效地运用数字技术开展数字流程创新具有必要性。

基于此，本章提出假设：

H5：环境动态性在数字技术与数字创新绩效的关系中发挥正向调节效应。

H5a：环境动态性在数字技术与数字产品创新绩效的关系中发挥正向调节效应。

H5b：环境动态性在数字技术与数字流程创新绩效的关系中发挥正向调节效应。

2. 环境动态性对数字技术、动态能力与数字创新绩效之间关系的调节

环境动态水平低时，企业实现规模经济，同质化产品被批量生产和按

部就班销售，技术发展持续稳定，消费者偏好较易预测，市场竞争少且简单，企业依靠原有产品与技术保持竞争力（Johnson et al.，2003）。相反，在高度动态的环境下，企业对市场环境的预测更加困难且技术迭代的速度更加频繁，这就要求企业具备一定的能力来充分把握数字经济背景下的威胁与机遇并做出及时回应。传统制造企业开展数字产品创新活动离不开动态能力的支持，为了保持核心竞争力，增强企业在复杂易变环境中的危机应对能力，企业应根据自身情况，通过外部对机会的感知与捕获，合理配置资源进行重构活动，在内部积极吸收、整合资源，从而获取新的市场与新产品。

高度动态的环境使市场需求和技术发展的趋势难以预测，企业对市场反应压力巨大，环境成为企业变革的重要推动力（王炳成等，2020）。随着数字经济的持续发展，数字技术被应用在传统制造企业生产运营的各个环节，由于外部环境动态性和不确定性的增强，若此时企业对外界的响应速度过慢，大概率将错过重要的发展机遇。因而，感知能力对传统制造企业而言至关重要，企业同时还需要具备捕获和重构能力，即捕捉外部机会并充分利用机会开展变革重构的能力，组织能够使用动态能力输入重要资源，避免环境变化可能产生的弊端（Li and Ye，1999）。高水平的动态环境也促使传统制造企业不断提升吸收和整合能力，以期不断吸收新的知识、整合内外部资源来提升组织运营效率，从而为企业利用数字技术进行数字流程创新做好铺垫。

基于此，本章提出假设：

H6：环境动态性正向调节动态能力在数字技术与数字创新绩效间的部分中介作用。

H6a：环境动态性正向调节外部动态能力在数字技术与数字产品创新绩效间的部分中介作用。

H6b：环境动态性正向调节外部动态能力在数字技术与数字流程创新绩效间的部分中介作用。

H6c：环境动态性正向调节内部动态能力在数字技术与数字产品创新绩效间的部分中介作用。

H6d：环境动态性正向调节内部动态能力在数字技术与数字流程创新绩

效间的部分中介作用。

（六）假设汇总与模型构建

本章针对研究问题，对动态能力与数字创新等理论进行回顾，并通过各变量间的关系梳理，提出研究假设，如表 3-1 所示。

表 3-1 研究假设汇总

作用路径	研究假设
数字技术与数字创新绩效	H1：数字技术对数字创新绩效存在显著正向影响
	H1a：数字技术对数字产品创新绩效存在显著正向影响
	H1b：数字技术对数字流程创新绩效存在显著正向影响
数字技术与动态能力	H2：数字技术对动态能力存在显著正向影响
	H2a：数字技术对内部动态能力存在显著正向影响
	H2b：数字技术对外部动态能力存在显著正向影响
动态能力与数字创新绩效	H3：动态能力对数字创新绩效具有显著积极作用
	H3a：外部动态能力对数字产品创新绩效具有显著积极作用
	H3b：外部动态能力对数字流程创新绩效具有显著积极作用
	H3c：内部动态能力对数字产品创新绩效具有显著积极作用
	H3d：内部动态能力对数字流程创新绩效具有显著积极作用
动态能力的中介作用	H4：动态能力部分中介数字技术与数字创新绩效的关系
	H4a：内部动态能力部分中介数字技术与数字产品创新绩效的关系
	H4b：内部动态能力部分中介数字技术与数字流程创新绩效的关系
	H4c：外部动态能力部分中介数字技术与数字产品创新绩效的关系
	H4d：外部动态能力部分中介数字技术与数字流程创新绩效的关系
环境动态性的调节作用	H5：环境动态性在数字技术与数字创新绩效的关系中发挥正向调节效应
	H5a：环境动态性在数字技术与数字产品创新绩效的关系中发挥正向调节效应
	H5b：环境动态性在数字技术与数字流程创新绩效的关系中发挥正向调节效应
	H6：环境动态性正向调节动态能力在数字技术与数字创新绩效间的部分中介作用
	H6a：环境动态性正向调节外部动态能力在数字技术与数字产品创新绩效间的部分中介作用
	H6b：环境动态性正向调节外部动态能力在数字技术与数字流程创新绩效间的部分中介作用

作用路径	研究假设
环境动态性的调节作用	H6c：环境动态性正向调节内部动态能力在数字技术与数字产品创新绩效间的部分中介作用
	H6d：环境动态性正向调节内部动态能力在数字技术与数字流程创新绩效间的部分中介作用

通过数字技术的应用来获取数字创新绩效是传统制造企业数字化发展的关键一步，然而对于传统制造企业而言，获取数字创新绩效所需时间较长且过程复杂艰难，这一过程需要经历来自内部外部多重能力、环境等多重因素的影响。传统制造企业在实践过程中不仅面临因资源匮乏、能力不足等无法将数字技术与企业紧密结合等问题，同时还面临企业研发并推广产品、服务进入市场存在障碍的挑战。结合上述学者的研究，探讨数字技术应用过程与数字创新绩效获取过程离不开考虑企业动态能力、环境动态性等多种因素的影响作用。基于此，本章在动态能力理论、数字创新理论的基础上，从内外部两个方面探究数字技术、数字创新绩效、动态能力与环境动态性的关系，结合研究假设构建假设模型，如图3-1所示。

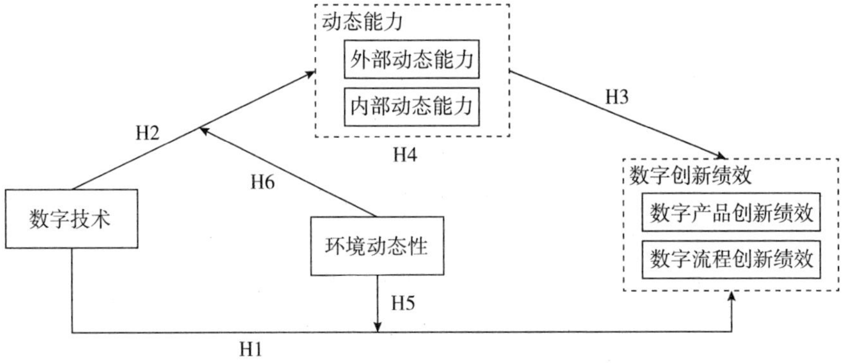

图3-1 数字技术对数字创新绩效的假设模型

第三节　实证分析与讨论

一、研究设计

（一）变量测量

1. 数字技术

数字技术是指能够与互联网相结合并整合生产要素的新技术，是企业对产品和服务的知识进行维护和更新的先行工具，包括大数据、人工智能、物联网、数字孪生等，能独立或与其他要素一起推动数字创新活动（Carlsson，2004；Shen et al.，2022）。本章结合 Yoo 等（2012）、柳卸林等（2019）、李春发等（2020）对数字技术特征的概括，将数字技术测量量表整理如表 3-2 所示。

表 3-2　数字技术测量量表

变量	编号	题项
数字技术	Q1	企业应用数字技术更直接地获取用户反馈
	Q2	企业应用数字技术全面分析用户需求
	Q3	企业应用数字技术加速产品的迭代创新
	Q4	企业应用数字技术打破产业边界，实现跨产业融合
	Q5	企业应用数字技术开阔了信息交流的范围，与顾客、供应商有效连接
	Q6	企业应用数字技术降低了资源和知识的搜索成本
	Q7	企业应用数字技术提升了内外部沟通的效率
	Q8	企业应用数字技术发展了收集信息的技术方法
	Q9	企业应用数字技术提高了处理信息的能力，支撑了企业决策
	Q10	企业应用数字技术使上下级、部门间沟通及时高效

2. 数字创新绩效

数字创新是数字技术赋能产品、服务、业务流程的创新活动，其所获得的有益结果为数字创新绩效（余江等，2017；刘洋等，2020）。本章参考数字创新绩效在表现形式不同所划分的维度，考察数字产品创新绩效与数字流程创新绩效。其中，数字产品创新绩效参考 Leonhardt 等（2018）的研究，数字流程创新绩效参考 Ardito 等（2021）、Zhen 等（2021）的研究，构建测量量表如表3-3所示。

表3-3 数字创新绩效测量量表

变量	编号	题项
数字流程创新绩效	Q11	企业利用数字技术改善生产产品/服务的流程方法
	Q12	企业利用数字技术运输或交付产品/服务的流程方法
	Q13	企业利用数字技术支持各种组织活动的流程
数字产品创新绩效	Q14	企业利用数字技术开发的产品/服务是首次出现在市场上的新品
	Q15	企业利用数字技术开发的数字产品/服务是对市场上现有产品的细小调整
	Q16	企业利用数字技术设计的数字产品/服务与竞争者具有较大差别
	Q17	企业利用数字技术设计的产品/服务比竞争者获得了更好的消费者反响
	Q18	企业利用数字技术开发的产品/服务比竞争者获取的收益更多

3. 动态能力

动态能力被定义为一种与环境相适应的持续不断的能力，能够帮助企业逃脱惯性思维并建立持续竞争优势（Teece et al.，1997）。本章参考张林刚等（2022）将动态能力划分为内外部，其中外部动态能力以感知、捕获、重构能力为主，内部动态能力以吸收和整合能力为主。外部动态能力主要参考 Teece（2007）、谭云清等（2013）、Lin 和 Chen（2017）等的研究进行测量，内部动态能力借鉴 Zahra 等（2006）、焦豪等（2021）的研究量表。完整量表如表3-4所示。

表 3-4　动态能力测量量表

变量	维度	编号	题项
外部动态能力	感知能力	Q19	企业能快速地扫描环境发现新的机会
		Q20	企业利用多种渠道知悉行业的发展状况与趋势
		Q21	企业能够迅速察觉到顾客喜好与需要的变化
	捕获能力	Q22	企业获取新资源与新知识有明确的角色和职责分工
		Q23	企业有技能来掌握并利用不同领域的新资源和知识
		Q24	企业可以以更低的成本获取高质量的资源
	重构能力	Q25	企业能够根据内外环境变化重新调整资源组合
		Q26	企业各部门间能够有效地合作
		Q27	企业能够利用现有资源设计出解决问题的可行方案
内部动态能力	吸收能力	Q28	企业能正确地为顾客制定问题解决方案
		Q29	企业能有效制定决策
		Q30	企业能有效利用企业所在网络中的机会
	整合能力	Q31	企业可以适时调整内外部关系网络和网络互动方式
		Q32	企业可以适当针对现有的工作流程或者程序进行重新设计
		Q33	企业能够适时对部门的工作任务和职能进行再设计

4. 环境动态性

传统制造业企业的数字创新活动受行业技术变化、消费者需求偏好及产品迭代等动态环境影响，由于本章探究数字技术对数字创新绩效的作用关系，本章参考 Lumpkin 和 Dess（2001）对环境动态性的测量量表，整理如表 3-5 所示。

表 3-5　环境动态性测量量表

变量	编号	题项
环境动态性	Q34	企业所在行业的市场需求转变很快
	Q35	企业所在行业的技术创新迭代速度快
	Q36	企业所在市场上的新产品/服务不断更新

5. 控制变量

为防止影响模型解释的其他因素，本章从企业和行业层面增加了控制变量的考察。根据已往学者研究，企业层面选取企业年龄、企业规模和企业类型进行控制，在行业层面将企业所在行业设置为控制变量。其中，企业年龄以企业成立年限来表征，企业规模以企业员工数来表征，企业类型划分为国有、民营和外资，企业行业限制在传统制造业内。

（二）样本选取与数据收集

在进行样本收集之前，由于本章针对中国传统制造业企业，借鉴的量表为来自不同文化情景的量表，需要对本章中的量表进行预调研及修正。主要对研究者所在区域部分制造企业的中基层管理者发放调研问卷展开预调研，共回收 117 份有效样本问卷。通过对回收的样本数据进行信效度检验发现效果较好，因而本章保持原量表作为问卷题项，并未对其进行删减。

传统制造企业面临数字经济蓬勃发展和消费者需求难以预测的双重挑战，正在积极应用数字技术赋能数字创新活动，而在此过程中仍面临动态能力不足、环境复杂动态等问题。因此，选择传统制造业企业为研究样本能够很好地解释本章对变量间关系的研究。

本章通过问卷发放的形式收集样本数据。问卷第一部分阐述此次调研的重要性和用途，第二部分研究概念模型下的变量测度题项，最后一部分包含企业基本信息和行业信息。本章的问卷调研方式以电子问卷为主，电子问卷采用两种途径。第一种是利用专业的问卷发放平台"问卷星"（http：//www. sojump. com）进行数据收集。第二种是邀请相关企业人士填写。最终共发放问卷 400 份，最终回收 378 份有效问卷，有效样本回收率为 94.5%。

二、数据分析

（一）描述性统计分析

表 3-6 为样本描述性统计结果，通过对企业类型、企业员工数、企业年龄和企业行业四个方面的基本情况进行分析，得出结果，从企业类型来

看，外资企业占比最大，为38.6%。从企业员工数来看，员工数在200人以上的占比最大，为28.0%，其次是员工人数在21~50人的企业。从企业年龄来看，成立年限在20年以上的有103个，占比27.2%，成立年限在11~20年的企业最少，占比22.5%。从企业行业来看，各种制造业类型较为均匀，其中机械类企业占比最大，为67个，占比17.7%。

表3-6　样本描述性统计结果

企业特征	选项	样本数	百分比（%）
企业类型	国有企业	114	30.2
	民营企业	118	31.2
	外资企业	146	38.6
企业员工数	20人以下	94	24.9
	21~50人	100	26.5
	51~200人	78	20.6
	200人以上	106	28.0
企业年龄	1~5年	98	25.9
	6~10年	92	24.3
	11~20年	85	22.5
	20年以上	103	27.2
企业行业	制造	54	14.3
	能源	53	14.0
	电子	46	12.2
	机械	67	17.7
	钢铁	47	12.4
	食品	62	16.4
	其他	49	13.0

（二）共同方法偏差检验

本章为减少共同方法偏差问题，题项均采用自经典文献中的成熟量表，且对量表进行了预调研修正。此外，本章的调研数据来源于全国各地，并开展人工筛查降低同源性偏差，样本数据可靠。同时本章使用SPSS 22.0工具开展了 Harman 单因素检验，分析得出第一因子的解释率为 30.267%，低于温忠麟等（2005）所提出 40% 的检验标准，表明不存在单个因子解释较多变异的情况，所收集的样本数据中无严重的共同方法偏差。

（三）信度和效度检验

信效度分析是能够检验样本数据有效程度与可靠程度的重要方法。为此，本章通过 SPSS 22.0 和 AMOS 23.0 工具对模型与样本数据进行信度和效度检验。表 3-7 为各因子信效度检验结果，对各因子标准负荷、Cronbach's α 系数、组合信度（CR）和平均方差萃取量（AVE）等结果进行了展示。通常通过 Cronbach's α 系数和组合信度（CR）来对量表的内部一致性进行检验。根据 Hair 等（2010）的建议，笔者认为当 Cronbach's α 系数高于 0.7 时因子具有良好的信度水平。本章结果所示 Cronbach's α 系数与组合信度（CR）均大于 0.7（见表 3-7），说明量表通过了内部一致性的检验。

表 3-7 各因子信效度检验结果

潜变量	观察变量	标准负荷	Cronbach's α 系数	CR	AVE
数字技术	Q1	0.757	0.915	0.915	0.518
	Q2	0.717			
	Q3	0.711			
	Q4	0.724			
	Q5	0.718			
	Q6	0.690			
	Q7	0.717			
	Q8	0.713			
	Q9	0.743			
	Q10	0.702			
数字流程创新绩效	Q11	0.754	0.828	0.827	0.615
	Q12	0.789			
	Q13	0.809			

潜变量	观察变量	标准负荷	Cronbach's α 系数	CR	AVE
数字产品创新绩效	Q14	0.795	0.847	0.845	0.523
	Q15	0.680			
	Q16	0.714			
	Q17	0.708			
	Q18	0.714			
外部动态能力	Q19	0.719	0.903	0.903	0.501
	Q20	0.714			
	Q21	0.724			
	Q22	0.681			
	Q23	0.706			
	Q24	0.730			
	Q25	0.697			
	Q26	0.748			
	Q27	0.703			
内部动态能力	Q28	0.730	0.865	0.866	0.518
	Q29	0.695			
	Q30	0.717			
	Q31	0.668			
	Q32	0.753			
	Q33	0.752			
环境动态性	Q34	0.898	0.887	0.918	0.787
	Q35	0.881			
	Q36	0.885			
	Q35	0.881			
	Q36	0.885			

效度检验一般包括两个方面，内容效度与结构效度。其中，内容效度是指问卷题项与所研究的变量内涵的吻合程度。由于本章采用的均为现有的成熟量表，因此，研究的内容效度较好。使用 AMOS 23.0 工具做验证性

分析，通过因子标准负荷和 AVE 值检验收敛效度和区分效度（Fornell and Larcker，1981）。由表 3-7 可知，各个变量所有因子的标准负荷均大于 0.5，各个题项均可以很好地表示该变量，AVE 值均大于 0.5，说明量表具有较好的收敛效度（Hair et al.，2010）。表 3-8 为区分效度检验结果，其中对角线所示各个变量的 AVE 值均大于其他变量间的相关系数，表明本章量表数据具有理想的区分效度。

表 3-8　区分效度检验结果

潜变量	数字技术	数字流程创新绩效	数字产品创新绩效	外部动态能力	内部动态能力	环境动态性
数字技术	**0.720**					
数字流程创新绩效	0.463	**0.784**				
数字产品创新绩效	0.447	0.352	**0.723**			
外部动态能力	0.420	0.353	0.384	**0.708**		
内部动态能力	0.478	0.448	0.462	0.357	**0.720**	
环境动态性	0.142	0.178	0.094	0.024	0.145	**0.887**
AVE 平方根	0.518	0.615	0.523	0.501	0.518	0.787

（四）模型适配度检验

适配度是检验模型与问卷数据是否匹配的一种指标。此前信效度分析结果表明研究模型的内在质量已经通过检验，还需要进一步考察模型适配度指标是否符合标准来检验量表的外在质量。本章选取 CFI、NFI、NNFI、IFI 四个相对适配指标和卡方自由度之比、GFI、AGFI、RSMEA 等绝对适配指标对模型拟合情况开展分析（吴明隆，2010）。模型拟合情况如表 3-9 所示。通过适配度指标可知，模型基本满足标准的拟合值，具有良好的适配度，可以支撑后续的路径分析。

表 3-9　模型拟合情况

拟合指标	拟合值	标准
CMIN	779. 54	越小越好
CMIN/DF	1. 601	<3 优秀，<5 可接受
GFI	0. 893	>0. 8 可接受，>0. 9 拟合良好
AGFI	0. 877	
NFI	0. 882	
TLI（NNFI）	0. 948	
CFI	0. 893	
IFI	0. 952	
RMSEA	0. 04	<0. 05

（五）假设检验

1. 路径分析

通过 AMOS 进行路径分析后，标准化路径系数如表 3-10 所示。

表 3-10　模型路径分析结果

假设	Std.（β）	S. E.	C. R.	p
数字技术→数字流程创新绩效	0. 295	0. 085	4. 154	***
数字技术→数字产品创新绩效	0. 242	0. 08	3. 476	***
数字技术→内部动态能力	0. 537	0. 071	8. 451	***
数字技术→外部动态能力	0. 469	0. 07	7. 635	***
外部动态能力→数字产品创新绩效	0. 201	0. 059	3. 419	***
外部动态能力→数字流程创新绩效	0. 159	0. 062	2. 699	0. 007
内部动态能力→数字产品创新绩效	0. 339	0. 069	5. 109	***
内部动态能力→数字流程创新绩效	0. 313	0. 071	4. 748	***

注：* 表示 $p < 0.05$，** 表示 $p < 0.01$，*** 表示 $p < 0.001$。

本节通过 AMOS 输出的结构方程模型图如图 3-2 所示。

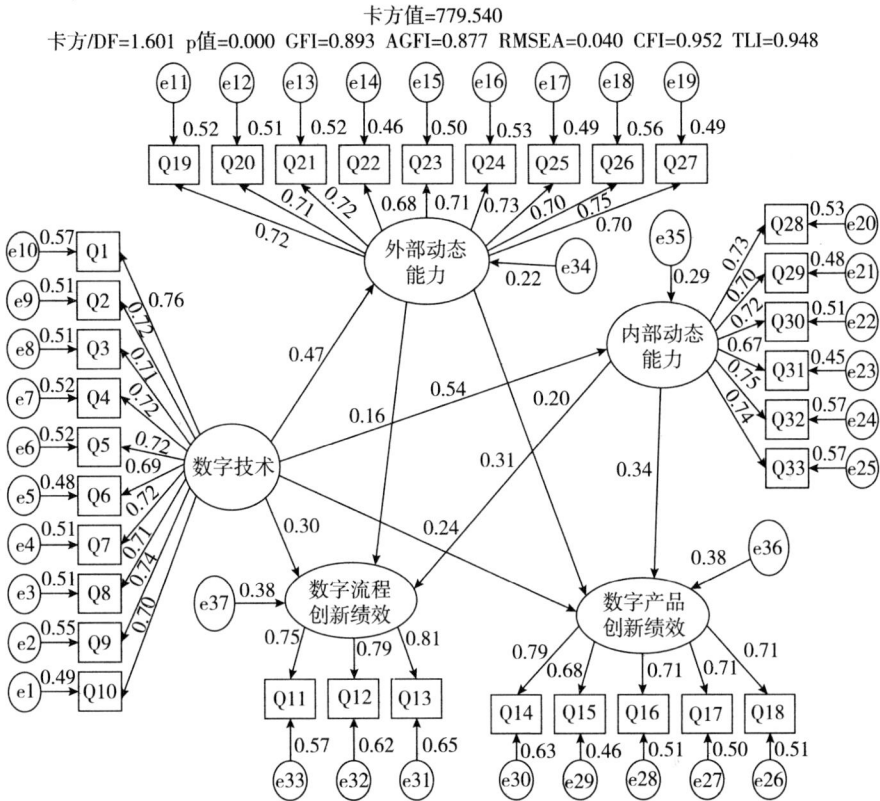

图3-2　结构方程模型检验结果

注：e表示误差项。问卷的题项解释变量的时候会产生一定的误差，Q1~Q37的箭头指向的就是对应的误差e1~e37。

结果表明：①数字技术显著正向影响数字流程创新绩效，其标准化路径系数为0.295，p<0.001，假设H1b成立。②数字技术显著正向影响数字产品创新绩效，标准化路径系数为0.242，p<0.001，假设H1a成立。由此可知，假设H1得以验证。③数字技术对内部动态能力的标准化路径系数为0.537，p<0.001，说明数字技术显著正向影响内部动态能力，假设H2a得以验证。④数字技术对外部动态能力的标准化路径系数为0.469，p<0.001，表明数字技术对外部动态能力的影响显著存在，假设H2b成立。由此可知，

假设 H2 得以验证。⑤外部动态能力对数字产品创新绩效的标准化路径回归系数为 0.201，p<0.001，可知外部动态能力正向显著影响数字产品创新绩效，假设 H3a 成立。⑥外部动态能力对数字流程创新绩效的标准化路径回归系数为 0.159，p<0.05，表明外部动态能力正向显著影响数字流程创新绩效，假设 H3b 得以验证。⑦内部动态能力作用于数字产品创新绩效的标准化路径回归系数为 0.339，p<0.001，说明内部动态能力正向显著影响数字产品创新绩效，假设 H3c 成立。⑧内部动态能力对数字流程创新绩效的标准化路径回归系数为 0.313，p<0.001，说明内部动态能力对数字流程创新绩效的正向影响显著，假设 H3d 成立。由此可知，假设 H3 通过检验。

2. 中介效应分析

本章使用 AMOS 23.0 工具中的 Bootstrap 法验证中介效应是否存在。若置信区间上下限不跨越 0 时，表明该条路径的中介效应显著，相反则中介效应不显著。中介效应检验结果如表 3-11 所示，具体说明如下：

表 3-11　中介效应检验结果

路径关系	效应类型	Estimate	95%置信区间		p 值
			下限	上限	
数字技术→内部动态能力→数字产品创新绩效	间接效应	0.182	0.090	0.322	0.001
	直接效应	0.242	0.061	0.424	0.007
	总效应	0.424	0.262	0.593	0.001
数字技术→内部动态能力→数字流程创新绩效	间接效应	0.168	0.078	0.293	0.001
	直接效应	0.295	0.120	0.480	0.001
	总效应	0.463	0.299	0.627	0.001
数字技术→外部动态能力→数字产品创新绩效	间接效应	0.094	0.012	0.200	0.025
	直接效应	0.242	0.061	0.424	0.007
	总效应	0.336	0.170	0.494	0.001
数字技术→外部动态能力→数字流程创新绩效	间接效应	0.075	0.004	0.181	0.043
	直接效应	0.295	0.120	0.480	0.001
	总效应	0.370	0.209	0.536	0.001

（1）数字技术→内部动态能力→数字产品创新绩效结果显示，95%置信区间不包括 0，p<0.001，阐明在数字技术对数字产品创新绩效的影响中内部动态能力存在显著中介效应，假设 H4a 成立。数字技术→内部动态能力→数字产品创新绩效间接效应的系数小于总效应系数 0.424，结果表明在数字技术与数字产品创新绩效的关系中内部动态能力起部分中介作用。

（2）数字技术→内部动态能力→数字流程创新绩效结果显示，95%置信区间不包括 0，p<0.001，表明内部动态能力在数字技术对数字流程创新绩效的影响中有显著中介作用，假设 H4b 成立。数字技术→内部动态能力→数字流程创新绩效间接效应的系数小于总效应系数 0.463，因而，内部动态能力在数字技术与数字流程创新绩效的关系中起部分中介作用。

（3）数字技术→外部动态能力→数字产品创新绩效结果显示，95%置信区间不包括 0，p<0.001，表明外部动态能力在数字技术与数字产品创新绩效中存在显著的中介作用，假设 H4c 成立。数字技术→外部动态能力→数字产品创新绩效间接效应的系数小于总效应系数 0.336，因此，外部动态能力在数字技术与数字产品创新绩效中的中介作用为部分中介。

（4）数字技术→外部动态能力→数字流程创新绩效结果显示，95%置信区间不包括 0，p 值<0.001，可知在数字技术与数字流程创新绩效的关系中外部动态能力具有显著的中介效应，假设 H4d 成立。数字技术→外部动态能力→数字流程创新绩效的间接效应系数小于总效应系数 0.370，因此，外部动态能力在数字技术与数字流程创新绩效间的中介作用为部分中介。

综上四点可以说明，动态能力内外两个方面在数字技术对数字创新绩效中起到中介作用，假设 H4 成立。同时也在一定程度上说明在数字技术对数字创新绩效的影响路径中包括外部和内部动态能力这两种能力。

3. 调节效应分析

本章通过 SPSS 22.0 工具对环境动态性发挥的调节作用进行检验。若自变量、控制变量、调节变量及交互项对因变量的回归系数显著，则证明存在调节作用，若不显著则不存在调节作用。在验证环境动态性的调节作用时，共建立四个模型。模型一引入控制变量；模型二在加入控制变量上添加自变量数字技术；继续添加环境动态性建立模型三；引入数字技术与环境动态性交互项建立模型四，结果如表 3-12 和表 3-13 所示。为了更加直观解释环境动态性在数字技术与数字创新绩效中发挥调节作用，绘制环境动态性在其中发挥调节效应的图示，如图 3-3 和图 3-4 所示。下面对环境动态性在数字技术与数字创新绩效中的调节作用进行分析。

（1）由表 3-12 模型 4 可知，数字技术与环境动态性交互项对数字产品创新绩效的回归系数值大于 0，$\beta=0.030$，$p>0.1$，数字技术对数字产品创新绩效的影响没能得到环境动态性的调节，p 值不显著。从图 3-3 中也可以发现当环境动态性更高时，数字技术与数字产品创新绩效间的关系线斜率几乎没有发生变化，表明此时不存在明显的调节作用，假设 H5a 没有得到支持。

表 3-12　环境动态性在数字技术与数字产品创新绩效之间的调节

变量名称	数字产品绩效			
	模型 1	模型 2	模型 3	模型 4
企业类型	-0.087	-0.063	-0.082	-0.081
企业员工数	-0.063	-0.059	-0.067	-0.068
企业年龄	0.064	0.057	0.056	0.058
企业行业类型	-0.041	-0.052	-0.040	-0.038
数字技术		0.444	0.467	0.474
环境动态性			-0.169	-0.173
数字技术×环境动态性				0.030
R^2	0.016	0.213	0.240	0.241
ΔR^2	0.016	0.196	0.028	0.001
ΔF	1.548	92.824	13.445	0.403

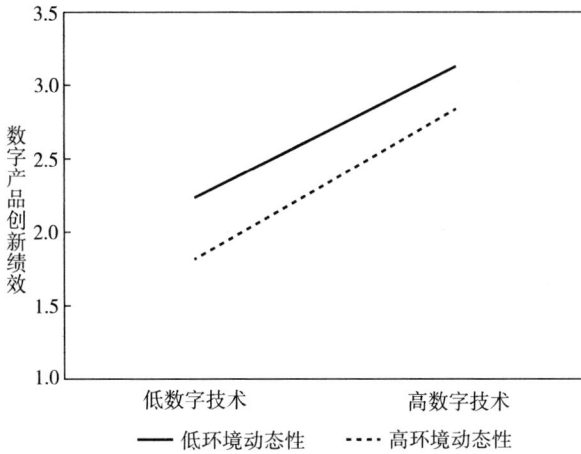

图 3-3 环境动态性在数字技术与数字产品创新绩效中的调节效果

（2）数字技术与环境动态性交互项的系数显著为正（β＝0.268，p＜0.001），表 3-13 为环境动态性在数字技术与数字流程创新绩效间的调节作用结果显示，环境动态性在其中存在显著正向调节效应。当环境动态性水平不同时，从图 3-4 可以发现，当环境动态性高时，数字技术与数字流程创新绩效之间的关系线更加陡峭，调节效应更显著，假设 H5b 通过检验。

表 3-13 环境动态性在数字技术与数字流程创新绩效之间的调节

变量名称	数字流程创新绩效			
	模型 1	模型 2	模型 3	模型 4
企业类型	−0.064	−0.039	−0.027	−0.018
企业员工数	−0.01	−0.006	−0.001	−0.013
企业年龄	−0.048	−0.054	−0.054	−0.04
企业行业类型	−0.011	−0.001	−0.009	0.009
数字技术		0.462	0.447	0.513
环境动态性			0.111	0.075
数字技术×环境动态性				0.268
R^2	0.007	0.219	0.231	0.297

续表

变量名称	数字流程创新绩效			
	模型 1	模型 2	模型 3	模型 4
ΔR^2	0.007	0.212	0.012	0.066
ΔF	0.658	101.161	5.684	34.939

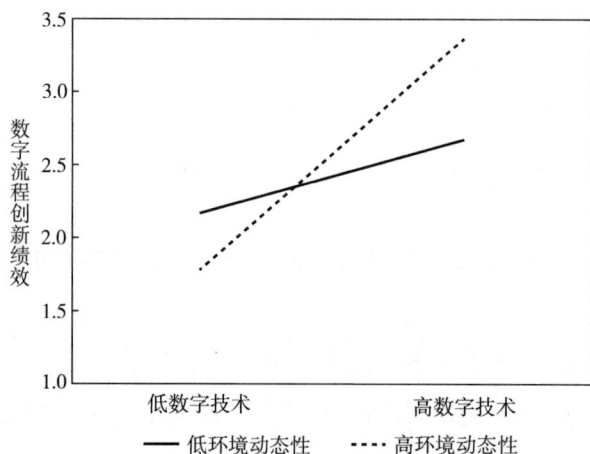

图 3-4 环境动态性在数字技术与数字流程创新绩效中的调节效果

通过对环境动态性的调节效应进行分析，可知当环境动态性水平高时，增加了数字技术对数字流程创新绩效的正向影响，不影响数字技术对数字产品创新绩效的关系，仅假设 H5b 得到支持。因此，假设 H5 部分成立。

4. 中介调节效应分析

本章通过 Hayes 开发的 Process 分析程序，采用线性回归分析方法对环境动态性在数字技术、外部动态能力、内部动态能力与数字创新绩效关系中的中介调节作用进行检验。设置为模型 8，迭代次数设置为 5000，在 95% 的区间内对置信区间进行估计。为有利于分析调节变量在直接、中介作用中的效应，将调节变量的平均值分别加减一个标准差，同时也对有调节的中介作用中调节变量的主效应进行检验。若置信区间上下限同为正或负，不包含 0，即检验结果显著，反之则不显著。具体结果如表 3-14 至表 3-21所示。

（1）环境动态性对数字技术、外部动态能力和数字产品创新绩效关系的调节效应结果如表 3-14 所示，数字技术与环境动态性的交互项对外部动态能力的影响显著（β=0.111，t=4.182，p<0.001），环境动态性在数字技术与外部动态能力之间起调节作用，且外部动态能力对数字产品创新绩效的作用显著（β=0.233，t=4.277，p<0.001）。当环境动态性水平不同时，表 3-15 表明各个置信区间均不包括 0，且环境动态性发挥中介调节作用的置信区间为 [0.006，0.055]，不包括 0，效应值为 0.026，数字技术通过外部动态能力影响数字产品创新绩效的中介路径得到环境动态性的正向调节。因此，假设 H6a 得到支持。

表 3-14　环境动态性在数字技术、外部动态能力、数字产品创新绩效的
中介调节结果

变量名称		整体拟合指数			回归系数显著性	
结果变量	预测变量	R	R^2	F	β	t
外部动态能力	企业类型	0.478	0.229	15.664***	−0.091	−1.332
	企业员工数				−0.062	−1.254
	企业年龄				0.047	0.957
	企业行业类型				−0.009	−0.322
	数字技术				0.072	0.666
	环境动态性				−0.601	−4.562***
	数字技术×环境动态性				0.111	4.182***
数字产品创新绩效	企业类型	0.526	0.277	17.669***	−0.108	−1.505
	企业员工数				−0.065	−1.259
	企业年龄				0.056	1.085
	企业行业类型				−0.023	−0.781
	数字技术				0.471	4.161***
	外部动态能力				0.233	4.277***
	环境动态性				−0.083	−0.585
	数字技术×环境动态性				−0.008	−0.274

注：＊表示 p<0.05，＊＊表示 p<0.01，＊＊＊表示 p<0.001。

表 3-15　环境动态性不同水平上的效应结果（一）

作用类型	环境动态性	效应值	Boot 标准误	Boot CI 下限	Boot CI 上限
直接作用	M−1SD	0.452	0.065	0.324	0.579
	M	0.439	0.062	0.318	0.56
	M+1SD	0.426	0.088	0.252	0.6
外部动态能力的中介作用	M−1SD	0.08	0.035	0.022	0.157
	M	0.122	0.045	0.04	0.219
	M+1SD	0.165	0.061	0.054	0.294
有调节的中介作用		0.026	0.013	0.006	0.055

（2）表 3-16 和表 3-17 展示了在数字技术、外部动态能力与数字流程创新绩效的中介关系中环境动态性的调节效应结果。根据表 3-16 可知，环境动态性在数字技术与外部动态能力之间起调节作用，同时外部动态能力对数字流程创新绩效的作用显著（$\beta = 0.164$，$t = 3.147$，$p < 0.05$）。由表 3-17 也可知，在环境动态性水平不同时，各个置信区间范围均不包含 0，其有中介的调节作用效用值为 0.018，且 95% 的置信区间为 [0.001，0.045]，不包含 0。环境动态性显著正向调节数字技术、外部动态能力与数字创新绩效间的关系。因此，假设 H6b 得到支持。

表 3-16　环境动态性在数字技术、外部动态能力、数字流程创新绩效的
中介调节结果

变量名称		整体拟合指数			回归系数显著性	
结果变量	预测变量	R	R^2	F	β	t
数字流程创新绩效	企业类型	0.562	0.316	21.289***	−0.013	−0.192
	企业员工数				−0.004	−0.088
	企业年龄				−0.053	−1.078
	企业行业类型				0.008	0.268
	数字技术				−0.063	−0.585
	外部动态能力				0.164	3.147**
	环境动态性				−0.576	−4.24***
	数字技术×环境动态性				0.141	5.177***

注：* 表示 $p<0.05$，** 表示 $p<0.01$，*** 表示 $p<0.001$。

表 3-17　环境动态性不同水平上的效应结果（二）

作用类型	环境动态性	效应值	Boot 标准误	Boot CI 下限	Boot CI 上限
直接作用	M−1SD	0.279	0.062	0.157	0.401
	M	0.511	0.059	0.395	0.626
	M+1SD	0.742	0.084	0.576	0.908
外部动态能力的中介作用	M−1SD	0.056	0.032	0.005	0.128
	M	0.086	0.044	0.008	0.18
	M+1SD	0.116	0.059	0.012	0.246
有调节的中介作用		0.018	0.011	0.001	0.045

（3）环境动态性在数字技术、内部动态能力和数字产品创新绩效的调节效应结果如表 3-18 所示，在数字技术与内部动态能力的关系中加入调节变量，结果显示数字技术与环境动态性的交互项正向影响内部动态能力，关系显著（β=0.136，t=5.211，p<0.001），环境动态性调节了数字技术与内部动态能力的关系，且调节后内部动态能力对数字产品创新绩效的作用依旧显著（β=0.381，t=7.133，p<0.001）。当环境动态性水平不同时，如表 3-19 可知，置信区间范围均不包括 0，环境动态性发挥的中介调节作用效应值为 0.052，95%的置信区间为 [0.018, 0.089]，不包含 0，在数字技术通过内部动态能力影响数字产品创新绩效的中介关系中环境动态性发挥正向调节效应。因此，假设 H6c 得到支持。

表 3-18　环境动态性在数字技术、内部动态能力、数字产品创新绩效的

中介调节结果

变量名称		整体拟合指数			回归系数显著性	
结果变量	预测变量	R	R²	F	β	t
内部动态能力	企业类型	0.538	0.289	21.498***	0.007	0.099
	企业员工数				0.031	0.64
	企业年龄				0.036	0.739
	企业行业类型				0.027	0.954
	数字技术				0.034	0.322
	环境动态性				−0.59	−4.562***
	数字技术×环境动态性				0.136	5.211***

续表

变量名称		整体拟合指数			回归系数显著性	
结果变量	预测变量	R	R²	F	β	t
数字产品创新绩效	企业类型	0.477	0.033	23.037***	−0.132	−1.916
	企业员工数				−0.091	−1.84
	企业年龄				0.053	1.078
	企业行业类型				−0.036	−1.24
	数字技术				0.474	4.369***
	内部动态能力				0.381	7.133***
	环境动态性				0.001	0.009
	数字技术×环境动态性				−0.034	−1.213

注：* 表示 $p<0.05$，** 表示 $p<0.01$，*** 表示 $p<0.001$。

表3-19　环境动态性不同水平上的效应结果（三）

作用类型	环境动态性	效应值	Boot 标准误	Boot CI 下限	Boot CI 上限
直接作用	M−1SD	0.393	0.063	0.27	0.516
	M	0.338	0.061	0.218	0.458
	M+1SD	0.282	0.088	0.11	0.455
外部动态能力的中介作用	M−1SD	0.138	0.042	0.063	0.328
	M	0.223	0.044	0.14	0.311
	M+1SD	0.308	0.062	0.189	0.431
有调节的中介作用		0.052	0.018	0.018	0.089

（4）表3-20和表3-21展示了在数字技术、内部动态能力和数字流程创新绩效的中介关系中环境动态性的调节效应结果。根据表3-20可知，环境动态性在数字技术与内部动态能力之间起调节作用，同时内部动态能力对数字流程创新绩效的作用显著（$β=0.233$，$t=4.449$，$p<0.001$）。由表3-21也可知，不同的环境动态性水平下各个置信区间不包含0，环境动态性发挥中介调节作用的95%的置信区间为［0.008，0.061］，不包括0，效应值为0.032，在数字技术通过内部动态能力影响数字流程创新绩效的中介关系中环境动态性具有正向调节效应，因此，假设H6d得到支持。

表 3-20 环境动态性在数字技术、内部动态能力、数字流程创新绩效的

中介调节结果

变量名称		整体拟合指数			回归系数显著性	
结果变量	预测变量	R	R²	F	β	t
数字流程创新绩效	企业类型	0.577	0.333	23.048***	−0.03	−0.439
	企业员工数				−0.022	−0.445
	企业年龄				−0.054	−1.105
	企业行业类型				0	−0.002
	数字技术				−0.059	−0.557
	内部动态能力				0.233	4.449***
	环境动态性				−0.537	−4.004***
	数字技术×环境动态性				0.128	4.685***

注：* 表示 p<0.05，** 表示 p<0.01，*** 表示 p<0.001。

表 3-21 环境动态性不同水平上的效应结果（四）

作用类型	环境动态性	效应值	Boot 标准误	Boot CI 下限	Boot CI 上限
直接作用	M−1SD	0.25	0.062	0.129	0.371
	M	0.46	0.06	0.342	0.578
	M+1SD	0.669	0.086	0.5	0.839
外部动态能力的中介作用	M−1SD	0.085	0.038	0.019	0.167
	M	0.137	0.049	0.039	0.236
	M+1SD	0.189	0.067	0.056	0.321
有调节的中介作用		0.032	0.014	0.008	0.061

综上所述，在数字技术通过内部动态能力与外部动态能力影响数字流程创新绩效与数字产品创新绩效的中介关系中环境动态性存在正向调节效应，假设 H6 成立。

三、实证结果讨论

本章将假设结果总结，如表 3-22 所示，可以发现本章所提出的假设中只有一条未得到验证的假设，其余假设均成立。基于变量间关系及数据分析的结果，本章进行讨论如下。

表 3-22　假设检验结果汇总

研究假设	检验结果
H1：数字技术对数字创新绩效存在显著正向影响	成立
H1a：数字技术对数字产品创新绩效存在显著正向影响	成立
H1b：数字技术对数字流程创新绩效存在显著正向影响	成立
H2：数字技术对动态能力存在显著正向影响	成立
H2a：数字技术对内部动态能力存在显著正向影响	成立
H2b：数字技术对外部动态能力存在显著正向影响	成立
H3：动态能力对数字创新绩效具有显著积极作用	成立
H3a：外部动态能力对数字产品创新绩效具有显著积极作用	成立
H3b：外部动态能力对数字流程创新绩效具有显著积极作用	成立
H3c：内部动态能力对数字产品创新绩效具有显著积极作用	成立
H3d：内部动态能力对数字流程创新绩效具有显著积极作用	成立
H4：动态能力部分中介数字技术与数字创新绩效的关系	成立
H4a：内部动态能力部分中介数字技术与数字产品创新绩效的关系	成立
H4b：内部动态能力部分中介数字技术与数字流程创新绩效的关系	成立
H4c：外部动态能力部分中介数字技术与数字产品创新绩效的关系	成立
H4d：外部动态能力部分中介数字技术与数字流程创新绩效的关系	成立
H5：环境动态性在数字技术与数字创新绩效的关系中发挥正向调节效应	部分成立
H5a：环境动态性在数字技术与数字产品创新绩效的关系中发挥正向调节效应	不成立
H5b：环境动态性在数字技术与数字流程创新绩效的关系中发挥正向调节效应	成立
H6：环境动态性正向调节动态能力在数字技术与数字创新绩效间的部分中介作用	成立
H6a：环境动态性正向调节外部动态能力在数字技术与数字产品创新绩效间的部分中介作用	成立
H6b：环境动态性正向调节外部动态能力在数字技术与数字流程创新绩效间的部分中介作用	成立
H6c：环境动态性正向调节内部动态能力在数字技术与数字产品创新绩效间的部分中介作用	成立
H6d：环境动态性正向调节内部动态能力在数字技术与数字流程创新绩效间的部分中介作用	成立

（一）数字技术与数字创新绩效的关系讨论

基于动态能力理论与数字创新理论，本章展开讨论了传统制造业数字技术、内部动态能力与外部动态能力、数字产品创新绩效与数字流程创新绩效间的关系，探究了企业从数字技术应用到实现数字创新绩效获取的作用路线。研究结果表明假设 H1 成立，即假设 H1a、假设 H1b 成立，数字技术与数字产品创新绩效、数字流程创新绩效间存在显著正向关系。即当传统制造企业应用数字技术越熟练，组织的创新潜力被唤醒，获取数字产品创新绩效和数字流程创新绩效的概率就越大。

数字技术是企业对产品和服务的知识进行维护和更新的先行工具，通过与其他工具的结合应用推动传统制造企业创新活动的开展（Shen et al.，2022）。传统制造企业通过数字技术的应用管理企业技术资源、优化业务流程，进而支撑数字创新活动的顺利开展。数字技术的应用为传统制造企业数字创新活动持续赋能，且为企业提供源源不断的资源支撑（Rossini et al.，2021）。企业有效地运用数字技术开展活动，可以更好地感知和预测市场的变化，为企业整体战略转变提供技术支持，同时促使企业组织架构的优化和调整，从而为企业组织开展创新活动奠定良好的基础。

在数字经济时代，依靠传统技术优势已难以保持传统制造企业的竞争力，良好利用数字技术来调配企业资源对企业应对环境变化、建立自有数据资产、吸引技术投资并投入数字创新活动来构建良好竞争优势是关键之举。本章的实践结果也证明，应用数字技术的企业能够积极投身到数字创新活动中，数字技术持续赋能组织的数字产品创新及数字流程创新活动（Rossini et al.，2021）。传统制造企业有效突破环境动荡变化，先天数字技术匮乏现状的关键一步是对数字技术的开发应用，同时这一举措也是获取数字创新绩效的重要前因。

（二）动态能力的中介效应结果讨论

通过研究数字经济背景下的传统制造企业的动态能力与数字技术、数字创新绩效间的关系，可以发现，在动态能力的帮助下，企业更容易利用数字技术开展数字创新活动，获取数字产品创新绩效及数字流程创新绩效，动态能力在其中起到中介作用，验证了假设 H2、假设 H3 和假设 H4。

　　数字技术的自生长性、共享性以及融合性、开放性为企业拓展了企业边界，并形成了多种多样的和外界交流和沟通的渠道，企业更加全面地获取客户的反馈与建议，可以根据自身发展需求建立新的合作关系，优化社会网络结构，适应社会环境的变化（Yoo et al.，2012；李春发等，2020）。数字创新活动是复杂多变的组织活动，单单依靠数字技术的引入难以发挥较大作用，放大数字技术作用还需要与动态能力相结合（叶丹，2022）。动态能力理论也认为组织系统能力或资源不存在较大价值，有效发挥动态能力，将企业内外部资源与环境变化相匹配才更能创造差异化优势（Teece et al.，1997）。利用数字技术可以构建自身的动态能力来更好地感知外部的机会与挑战，同时从内部更稳健地抓住数字技术这个时代发展的机遇。

　　本章从两个方面探讨了动态能力的中介作用，分别是外部动态能力与内部动态能力。外部动态能力主要考察感知、捕获和重构三个维度（Teece，2007），内部动态能力主要考察吸收和整合两个维度（焦豪，2021a）。其中，外部动态能力是企业在数字技术应用过程中与外部接触不断形成的，传统制造企业可以通过外部动态能力去感知外部环境的机遇与威胁，捕获其中的机会，并进行与外部环境所适配的重构活动（Teece，2014）。外部动态能力的构建加速了企业对市场环境的了解与同步，促进了企业与企业之间、企业与外部之间的信息资源的交流，推动企业应用数字技术开展数字创新活动。而在数字技术的作用下，企业对知识获取和内化整合的能力不断提升，形成了以吸收和整合为主的内部动态能力，这一能力增强内部资源与信息的流通，进一步激发了传统制造企业利用数字技术对知识的创新和创造（Warner and Wäger，2019）。拥有内部动态能力的传统制造企业更好地运用与管理知识资源，为开展数字创新活动合理配置组织资源提供支持。数字经济时代，动态能力能够通过外部与内部两个方面来解决企业技术资源匮乏、数字技术应用与生产活动难以结合的困难，为获取数字创新绩效做好铺垫（叶丹，2022）。

（三）环境动态性的调节效应结果讨论

在本章研究模型中，环境动态性存在两种调节效应，分别是调节数字技术对数字产品创新绩效与数字流程创新绩效间的关系，调节内部动态能力、外部动态能力在数字技术与数字产品创新绩效、数字技术与数字流程创新绩效间的中介关系。通过实证分析结果可知，假设 H5 部分成立、假设 H6 成立，环境动态性显著增加了数字技术对数字流程创新绩效的正向影响，增加了内部动态能力与外部动态能力在数字技术与数字产品创新绩效、数字流程创新绩效的中介作用；而环境动态性不影响数字技术与数字产品创新绩效的关系。

环境动态性能够考察企业所处外部环境的变化程度，有助于推动传统制造企业开展数字创新活动（Jaworski and Kohli，1993）。数字经济的破坏性使外部环境发生翻天覆地的变化，企业所处行业的技术迭代更快，市场产生了多种多样的需求。传统制造企业静态视角的传统能力不再发挥关键作用，构建动态能力应对环境变化至关重要。高环境动态性增加了企业创新活动的不确定性，消费者也对产品的附加价值提出了更加变幻莫测的需求，在进行数字创新活动时对企业的动态能力提出了更高的要求，以配合企业实现活动的顺利进行（王炳成等，2020）。因此，环境动态性作为重要的因素影响数字技术与动态能力之间的关系，从而驱动企业数字创新活动的顺利开展。

数字经济变革导致市场环境日新月异、技术更迭频繁，消费者对产品的需求变幻莫测，使传统制造业企业在获取数字产品创新绩效过程中面临较大的压力。同时，数字产品创新绩效的获取是漫长且复杂的过程，数字经济虽然蓬勃发展，但对数字技术的探索与开发还需要持续进行以便获取数字产品创新绩效。尽管传统制造企业已充分利用数字技术赋能产品开发，但由于时间短、复杂性高、环境变幻莫测，受多种因素影响数字产品创新绩效的获取仍然收效甚微。当环境动态性水平高时，技术与市场环境竞争越发激烈，传统制造企业为了更好地匹配数字技术与内外部需求的响应，不断优化组织结构，提高各项资源的利用率，持续进行流程创新活动，进而加快了数字创新绩效的获取。

第四章　典型传统制造企业数字创新案例分析

第一节　中国一汽集团[*]

一、案例选择

作为国民经济的支柱产业，汽车工业的发展对于促进经济增长、提高人民生活水平、推动技术创新和产业升级具有重要意义。汽车产业链长、关联度高，涵盖了制造、研发、销售、服务等多个环节，不仅直接创造了大量的就业机会，还带动了钢铁、橡胶、电子等相关产业的协同发展。随着汽车市场的不断扩大和消费需求的持续增长，汽车工业在国民经济中的比重不断上升，成为推动经济增长的重要动力。汽车工业行业产业链复杂且庞大，涉及研发、设计、生产、销售等多个环节，同时需要多个领域如钢铁、机械、电子、化工等交叉融合。随着全球对环保和可持续发展的日

---

　　* 本案例来自笔者自主开发的案例《风景这边独好：中国一汽"四能"改革创新之路》（编号：OB-0337）及吉林省科技发展计划项目《数字化转型驱动的吉林省制造业在位企业战略创业能力构建研究》。

益重视，新能源汽车市场呈现爆发式增长。中国政府也出台了一系列政策，如双积分政策、新能源汽车补贴等，推动新能源汽车的普及和发展。同时，智能网联汽车作为未来汽车发展的重要方向，也带来了无限可能。随着5G、人工智能等技术的融合应用，智能网联汽车将实现更高效、更安全、更智能的出行体验。然而，这些新技术和新业态的发展也给汽车行业带来了诸多挑战。首先，新能源汽车的电池技术、充电设施等仍需进一步完善，以满足消费者的日常出行需求。其次，智能网联汽车的发展涉及数据安全、隐私保护等敏感问题，需要加强相关法律法规的制定和执行。此外，汽车行业的竞争格局也在发生深刻变化，新兴科技公司和传统汽车企业之间的跨界合作与竞争日益激烈，要求企业具备更强的创新能力和市场适应能力来应对底层技术的发展与汽车行业之间的碰撞，不仅催生了众多的创新应用，还推动了整个行业的深度重构和升级。通过加强技术创新和产业升级，汽车工业不断提高产品质量和技术水平，推动整个制造业向高端化、智能化、绿色化方向发展。

面对这些机遇和挑战，汽车行业需要积极拥抱变革，加强创新驱动。数字化转型成为汽车行业高质量发展的必经之路。通过引入物联网、大数据、人工智能等先进技术，汽车行业可以实现生产过程的智能化、精细化管理，提高生产效率和产品质量。同时，数字化转型也有助于推动汽车行业的绿色发展。例如，通过优化供应链管理、提高能源利用效率、推广新能源汽车等方式，可以有效降低汽车行业的碳排放。

本节以吉林省内最典型且较为成功的数字化转型制造企业—汽红旗品牌为例展开深入分析。选择一汽集团的原因如下：中国一汽集团作为吉林省制造业领军企业，在国家政策的指导下积极开展数字化转型，在数字化环境下实现探索与开发活动的平衡，重视员工能力提升和转型，积极塑造数字化转型能力、战略创业能力，不断完善数字化建设总体方案。在新冠肺炎疫情影响下，企业实现逆势增长，销售业绩不减反增。作为吉林省典型的传统制造企业，它为吉林省的经济增长做出了重大贡献。作为我国传统制造企业数字化转型的成功典范，中国一汽集团的数字化转型具有一定的典型性和代表性。笔者早在之前的调研过程中关注到一汽集团，紧跟其发展过程，收集了较为丰富的一手和二手资料，建立了较为充分的数据基础。需要补充的是，由于本节重点关注吉林省内制造企业数字化转型，一汽集团旗下品牌众多，独立运营的品牌更是不在少数，因此本节重点针对一汽集团总部直接运营的红旗品牌。

中国第一汽车集团有限公司（以下简称"中国一汽集团"），总部位于吉林省长春市绿园区。中国一汽集团是我国汽车行业的领军企业，它的前身为第一汽车制造厂，作为新中国汽车工业的摇篮，是国家"一五"计划重点建设项目之一。自1953年奠基以来，中国一汽集团经历了70多年的辉煌发展历程，已经成为国内最大的汽车企业集团之一，产业基础雄厚，具有强大的研发、销售及服务能力，形成了包含卡车、轿车、轻微型车、客车的多品种、宽系列的产品格局。中国一汽集团现已建立了东北、华北、华东、华南、西南五大生产基地，并构建了全球化研发布局。

中国一汽集团经过数十年发展，已经形成了丰富的品牌矩阵。中国一汽集团旗下的自主品牌主要有解放、红旗、奔腾、吉林等，还拥有一汽大众、一汽奥迪、一汽马自达、一汽丰田等合资品牌，具有多元化的产品线。在业务领域上，中国一汽集团涵盖了汽车的研发、生产、销售、汽车零部件、物流与服务、金融与保险、移动出行等多个方面，建立了汽车全产业链。同时，其产品线丰富，包括乘用车、商用车等多种车型的研发、生产与销售，累计产销汽车超过5400万辆，销量规模位列中国汽车行业第一阵营。

中国一汽集团2023年的累计销量为337.3万辆，同比增长了8.8%。特别是在新能源汽车领域，一汽集团旗下的比亚迪品牌销量占据国内新能源汽车市场的约1/3份额，销量达到302.4万辆，同比增长61.9%。[①] 一汽集团2023年营业收入为6249.4亿元，同比增长6%。[②] 主营业务实现"三提

---

① 资料来源于比亚迪官网，《比亚迪年销破300万｜中国的冠军，世界的冠军》，2024年1月2日。

② 资料来源于中国一汽集团官网，《集团公司党委十四届十九次全体（扩大）会议暨2024年工作会议、二十二届四次职工代表大会召开》，2024年1月25日。

升、一领先"：自主品牌销量快速提升、新能源汽车销量快速提升、海外销量快速提升、经济效益持续行业领先。

总的来说，中国一汽集团作为中国汽车工业的领军企业，其旗下拥有多个知名品牌和丰富的产品线，满足了不同消费者的需求，同时集团注重技术创新和品牌建设，持续投入研发，推动产品升级和品质提升，增强自身竞争力。中国一汽集团秉承"产业报国、工业强国"的使命，推动汽车产业向智能化、绿色化、高端化发展，不断为推动我国汽车产业的持续健康发展做出更大的贡献。

二、中国一汽集团发展历程

（一）发展历程

1953 年 7 月 15 日，第一汽车制造厂（中国一汽集团前身，以下简称"一汽"）在吉林省长春市隆重举行奠基典礼，新中国的第一座汽车厂由此产生，新中国汽车工业从此起步。党把建设一汽列为"一五"时期 156 个重点项目之一，举全国之力助推第一汽车制造厂的建设与发展。从建厂到生产出新中国第一辆汽车，第一汽车制造厂仅用了三年的时间。1956 年 7 月 13 日，第一辆国产解放牌卡车"解放 CA10"总装下线。同年 4 日，第一批 12 辆解放牌汽车生产下线，这标志着第一汽车制造厂的三年建厂目标如期达到，中国不能造汽车的历史自此画上了句号。

从 1956 年开工生产到 1978 年末，是一汽的成长和发展时期。一汽工人提出"乘'东风'展红旗，造出高级轿车去见毛主席"的口号，上下一心，组建了一支轿车制造突击队，最终在 1958 年 5 月 12 日，车间诞生了国产第一辆东风牌小轿车。这款以"仿造为主，自主设计"为原则试制出的轿车，开启了我国自主造轿车的历程。1958 年 8 月 1 日，第一辆红旗牌高级轿车试制成功，用时仅一个多月。20 世纪 80 年代改革开放后，中国社会经济快速发展，人民生活水平逐渐提高，对汽车的需求量确实呈现了快速增长的趋势。然而，在这一时期，一汽作为国内的汽车制造巨头，却面临着老旧车型与进口车型相比竞争力不足的问题，这直接导致了其产品的滞销现象。

面对滞销困境，一汽决定加强与国际汽车制造企业的合作，引进先进技术和管理经验。1978 年末，一汽邀请三菱、五十铃、日野和丰田四家大公司来进行实地考察，制订合作计划。但由于种种原因，最终未能成功合作。

"外求诸人，终无所得；内省于心，始得真章。"1979 年，一汽"解放"汽车踏上了换型改造的新征程，标志着企业进入了被誉为第二次创业的历史时期。在这一阶段，一汽致力于打破旧有的生产模式，通过引进先进技术和管理经验，对"解放"汽车进行全面升级和改造。一汽从 1980 年着手研发"新解放"CA141，并于 1983 年完成了该车型的设计、试制和试验工作。1983 年，一汽"换型改造"的战鼓正式擂响，企业以坚定的决心和昂扬的斗志，踏上了这条自主创新的道路。在这场没有硝烟的战斗中，一汽凭借着自筹的 4.4 亿元资金，成功完成了这一艰巨的改造工程，展现出了惊人的毅力和实力。3 年更新工艺装备 2 万多套，新建生产线 79 条。1986 年 7 月 15 日，新型解放车批量下线（中国第二代载货汽车解放CA141）。1987 年元旦，这一具有 80 年代初国际先进水平的 5 吨载货汽车正式投产，年产量提升至 8.5 万辆/年①。一汽扛住巨大压力，实现了质量、产量双达标，并得到了国家的工程验收，实现"第二次创业"。

1988～2001 年末是一汽结构调整时期，又称为以发展轿车、轻型车为主要标志的第三次创业时期。1987 年 8 月国务院调整汽车产业战略部署，宣布中国在一汽、二汽和上海建立三大轿车生产基地。随后便有世界各大知名汽车品牌向一汽抛出橄榄枝，在通用、三菱和大众之间，一汽权衡之后最终选定大众为第一个合作伙伴，1991 年 2 月 6 日一汽大众汽车有限公司成立。1988 年 5 月 17 日，一汽与奥迪签署"关于在一汽生产奥迪的技术转让许可证合同"，拉开奥迪进入中国市场的序幕。1991 年 7 月 15 日，第一汽车制造厂正式更名为中国第一汽车集团公司。1994 年 8 月 1 日，日装车500 辆份的现代化轿车装配线正式落成，一汽轿车生产能力与效率显著提

---

① 资料来源于新华网，《中国一汽成立 70 周年特别报道｜一汽 70 年，见证中国汽车工业发展的高光时刻》，2023 年 7 月 10 日。

高。1998 年，新捷达王轿车下线，开创国内 A 级轿车批量安装 ABS 先例，创造了第一个 60 万千米无大修的奇迹。2001 年 12 月，中国一汽集团召开了第十一次党代会，宣布一汽第三次创业的历史使命已经完成；在这一阶段，一汽努力建设现代化生产基地，大力发展轻型车和轿车；与各大汽车企业建立合资公司，快速提升制造能力。通过结构调整与合资合作，企业快速成长，2001 年产量和收入分别比 1988 年增长 3.2 倍和 13.4 倍。[①]

当前，全球汽车产业正在经历深刻变革，数字化、智能化的浪潮势不可当。数字化转型是推动经济增长的新引擎，也是中国汽车产业实现转型升级和高质量发展的必由之路。因此，中国一汽集团作为民族汽车产业的先行者，实施数字化转型战略，是顺应时代潮流、把握发展机遇的必然选择。

同时，国外汽车品牌在技术创新、设计理念、燃油经济性以及品牌影响力方面都具有优势，中国一汽集团车型老旧，与国外进口车型相比明显竞争力不足，无法吸引消费者进行购买，产品出现滞销现象。汽车市场快速发展，消费者需求越来越多样，汽车企业需要不断创新和升级产品，而核心技术的研发是企业发展的重要基础，中国一汽集团数字化转型迫在眉睫。

（二）数字化转型历程

自 1958 年第一台"红旗"牌轿车试制成功，红旗汽车就一直被用作中国重大庆典活动的检阅车，成为我国民族汽车高端品牌的代表之一。在国际市场上红旗汽车业取得了不俗的成绩，成为中国汽车工业的一张名片。虽然在数字化转型方面，红旗汽车一直积极响应，但在发展过程中还是出现了一些问题。

红旗品牌自产生起就承载着"国事用车"的使命，经常出现在一些重要场合，比如检阅、国事活动等，因此普通民众认为红旗车仅限于官方使

---

① 资料来源于新华社，《"把民族汽车品牌搞上去"——从中国一汽创建 70 年看中国汽车工业发展》，2023 年 7 月 14 日。

用，对红旗品牌的关注度远不及其他民用品牌。同时 2012~2018 年红旗旗下只有红旗 H7 一款车型，6 年累计销量仅 1.34 万辆[①]，这导致红旗品牌在不温不火中错过了中国汽车市场的黄金时期。此外，当时的红旗产品质量堪忧，产品和服务都无法得到消费者的认可；在内部管理上，存在着目标不清晰、机构与市场脱节、激励约束失效等问题。2017 年 1~8 月，红旗品牌销量为 2432 辆，亏损巨大，简单算上总部和技术中心的一部分人员，约有 4000 人，平均每人销售不到一辆车。此时的红旗品牌除了要解决企业的现状问题，还要思考如何在复杂多变的环境中抓住数字化这个加速器，恢复往日的辉煌。

在全新的汽车信息化与智能化需求下，消费者对汽车的要求不再是单纯的交通工具，而是从节能、安全、舒适到信息、娱乐、智能需求的全面提升。2015 年政府工作报告提出的"中国制造 2025"战略规划，对汽车业提出了明确的要求：汽车产业既要加大力度推进新能源汽车的发展，也要做好传统内燃机汽车的节能减排工作。同时，要将电子信息技术广泛应用在汽车上，实现工业化与信息化的深度融合。中国一汽集团积极响应，发布"挚途"技术战略，该战略明确指出中国一汽将在 2025 年实现智能商业服务平台运营，打造基于"互联网+"的智能化技术创新平台，但效果依旧不佳。

2017 年 7 月，徐留平从长安集团调任一汽，立即对一汽进行了大刀阔斧的改革，改革的重点之一就是振兴红旗。同年 9 月，中国一汽集团成立研发总院，主要负责科技创新管理和技术创新研究，以及红旗品牌平台及整车、动力总成、新能源"三电"、智能网联、软件等开发工作。2018 年 1 月 8 日，中国一汽红旗品牌战略发布会在北京人民大会堂盛大举行。新红旗品牌战略掀开了"新时代、新红旗"振兴的新篇章。发布会上红旗 H5 上市，2019 年旗下车型进一步丰富，年度销量突破 10 万辆水平，2020 年接近 21 万辆，2021 年 30 万辆[②]。作为唯一纯正中国血统的豪华汽车，红旗汽车

---

①　资料来源于驾仕派，《顶配要价 53.98 万！红旗 H9 成最贵中国品牌轿车》，2020 年 8 月 24 日。

②　资源来源于凤凰网，《2021 年二线豪华品牌销量排名，红旗第一，雷克萨斯"失宠"》，2022 年 1 月 18 日。

在这次战略发布会后开始撬动民用汽车市场，真正成为"人民的红旗"。徐留平到任以来，一直将加速一汽、红旗品牌的创新作为首要任务。在红旗品牌60周年庆典上，徐留平对中国一汽集团和红旗做出了展望，他表示："唯有改革，才能加速一汽的创新和发展；唯有改革，才能加速红旗振兴。改革过程中，必须直面问题、直击痛点，瞄准一流、开拓进取，全面加强自主创新和新兴业务，实现战略转型和高质量发展；要抓住全球汽车产业变革和新时期全面深化国有企业改革的机会，坚决做到扛红旗、抓自主、强合作、狠创新、快布局、勇改革，努力打造中国第一、世界一流的出行服务公司。"

2018年1月，徐留平还提出了红旗品牌实现跃迁的战略规划，迈出了红旗数字化转型的坚实一步，也为红旗品牌辉煌复兴奠定了基础。2018年5月，为有效落实公司战略，进一步清晰业务关系，中国一汽集团再次对组织结构进行调整，其中就包括加速集团智能化、数字化转型的信息化数字化办公室的整改及IT部门的设立。自此，中国一汽集团数字化部正式独立。

2019年，中国一汽集团提出了"数字驱动美妙出行"的愿景，成功上马了红旗营销云、红旗智云项目，在研发端部署了数字孪生技术。同年12月13日，红旗数字化工厂系统正式上线。自此，产品开发流程和订单交付流程被成功打通。红旗数字化工厂是由工艺主线、供应链主线、质量问题闭环三大闭环及数字化制造执行系统构成的"3+1"制造运营模式。上线不过几个月，其基于业务重构的创新成果已充分凸显。一汽将业务重构下的数字化建设作为战略转型的核心要素，打造了高效、精益、协同的企业运营，提升效率的同时，也驱动了集团的创新。根据中国汽车工业协会发布的数据显示，2019年，中国汽车销量同比下滑8.2%。在这个"汽车寒冬"里，中国一汽集团却实现了逆势增长——2019年5月，一汽生产整车35.2万辆，同比增长23.5%；销售整车34.5万辆，同比增长30.9%。[①]

2020年，中国一汽集团召开数字化大会，与华为等七家数字化解决方

---

① 资料来源于中国吉林网，《从制造商到服务商，中国一汽的数字化自我革命》，2020年6月18日。

案提供商签署数字化转型战略合作协议。在 1 月红旗品牌盛典上推出的全新旗舰车型红旗 H9，更是以顶级技术提升了客户专属愉悦体验，树立了当代汽车产业 C+级车型新标杆。2020 年 4 月，红旗品牌启动建设 20 万辆红旗新能源汽车工厂，全力推进智能化工厂建设，积极建设现代化智能工厂、低碳绿色工厂和产业示范工厂。2020 年 10 月，徐留平在中国一汽第四届科技大会上发布了红旗品牌围绕五化的 R. Flag "阡旗" 技术品牌，将打造面向未来的超级绿色智能汽车技术平台。同年，中国一汽启动 2020 年领导力与数字化转型培训，集团 500 多名中高层管理人员，以完全脱产的形式分批参加学习，彻底推动数字化转型战略在全集团的落地。2021 年，中国一汽与万达集团战略合作正式开启，合作创新共建 "红旗用户体验生态"。中国一汽大力实施 "全球首发、崭新独创" 的红旗技术创新战略，致力于数字化研发，红旗品牌 2021 年研发投入达 68 亿元，技术创新成为自主崛起和红旗超越的强大驱动力。除了新产品、新技术的密集发布，红旗品牌在营销方面也进行了重点发力，不仅举办了 "红满天下，旗仕回家" 系列活动，还与 58 同城、安居客等平台跨界打造系列展览活动，实现了 "车房联动"，拓展了品牌营销的全新模式。2022 年是中国一汽集团数智化转型的关键之年，设计师工作台首发上线，搭载项目开展测试及运行，用实际行动印证了数字孪生理念的可行性与先进性，实现所有研发业务活动应上线尽上线，为汽车行业管理创新打开了一扇新的窗口。2022 年 9 月，面对热度居高不下的元宇宙，一汽红旗利用 "虚拟形象+虚拟声音" 的形式，发布了代表中国一汽红旗品牌技术革新突破的新能源战略、超级电动智能平台和多款新能源概念产品，进行前瞻布局。这一年中国一汽部署了 "1241" 全面创新工作全景图，即以全面创新驱动为主线，以技术创新、产品创新为关键，以战略、营销、员工等全维创新为支撑，构建集团数智化一体化创新研发中心，全年将聚焦推进 14 项任务、61 个工作要点。2023 年 5 月 21 日，徐留平发布《创新·2030 中国一汽阡旗技术 R·Flag1785 发展战略》，从规划目标、总体原则、根本要求、重点方向、基本保障等方面进行说明和部署。2024 年 1 月 22 日，由中国一汽集团联合阿里云通义千问打造的大模型应用

GPT-BI 率先落地，该应用可接收自然语言查询，缩短了 BI 分析的报表设计、数据建模等交付周期，还能穷尽企业有限域的全量指标、模型和报表，为企业带来了更高效、便捷的数据分析和决策支持。

经过不断的数字化转型探索，一汽集团红旗品牌目前的销量情况呈现稳步增长的态势。2023 年全年，红旗品牌累计销售新车超过 37 万辆，同比增长 29.5%，这一成绩彰显了红旗作为中国高端自主品牌的强大实力和市场竞争力。[1] 进入 2024 年，红旗品牌延续了良好的销售势头。特别是在 1 月，红旗产品零售销量突破 40300 辆，同比增长 82.9%，实现了销量"开门红"。其中，全新红旗 H5 销量突破 14800 辆，连续四个月站稳万辆以上销量，显示出该车型在市场上的强劲表现。此外，红旗品牌在新能源车市场也取得了显著进展。2023 年，红旗新能源车累计销量突破 8.5 万辆，同比增长 135%，远高于行业整体增势[2]。这一成绩不仅体现了红旗在新能源领域的快速布局和创新能力，也为其未来的市场发展奠定了坚实基础。

中国一汽集团数字化转型历程如图 4-1 所示，并对其数字化转型阶段进行了简单划分。

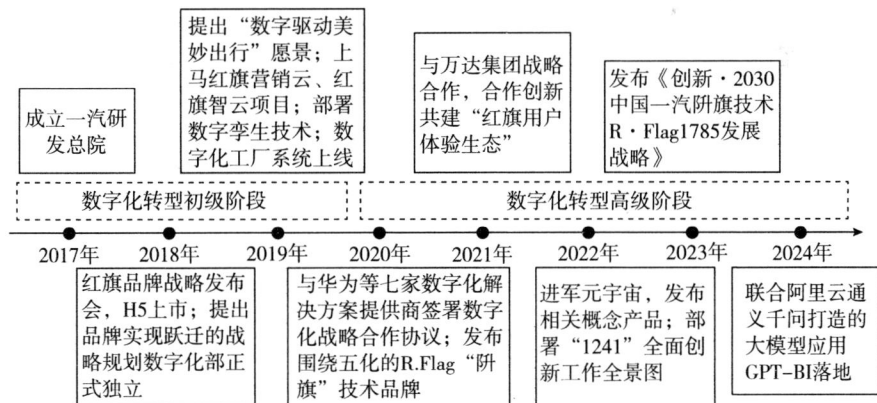

图 4-1 中国一汽集团数字化转型阶段

---

① 资料来源于中国一汽，《红旗品牌零售销量突破 370000 辆》，2024 年 1 月 1 日。

② 资料来源于中国一汽，《新华独家｜开新局，启新势——中国一汽铆足干劲勇夺"开门红""全年红"》，2024 年 2 月 5 日。

三、中国一汽集团数字化转型初级阶段案例分析

在中国一汽集团数字化转型的初级阶段主要依赖于数字技术的创新与应用。在技术方面，中国一汽集团运用大数据技术进行海量数据收集，帮助一汽进行数据的挖掘和分析，从而优化供应链、物流、库存管理等多个环节，降低运营成本。同时，大数据也应用于智能售后服务，实现了故障诊断和维修建议的自动化。在制造过程中，人工智能 AI 技术赋能了装配行为动作检测和装配结果检测，确保了整车的装配质量。此外，通过利用激光雷达、摄像头和传感器等先进设备，中国一汽集团的自动驾驶系统能够实时分析道路状况、交通流量以及障碍物等信息，从而自主规划行驶路线，调整行驶速度，甚至实现自动变道、自动超车等高级功能。中国一汽集团在车展活动中应用了数字孪生技术，通过基于摄像头的边缘侧计算，对展台访问者进行计算建模，形成车展展区的人流量热力图，精准推广营销。在将数字技术应用到客户维系方面，中国一汽集团开发了客户声音（VOC）分析系统，该系统可以在自然语义处理模型与集团分词库的助力下，捕捉微信群、400 客户电话以及 TDS 系统等多渠道获取到的用户声音，通过建模分析使用户信息可视化，进行实时反馈，提高用户黏度以及用户运营效率。在工厂建设层面，中国一汽集团对工艺、产线、设备工装等核心制造要素进行数字孪生，例如，将设备运行信号及运行数据与设备数模进行绑定，在孪生环境中实现对整个制造过程的实时映射、动态感知和分析优化预判，以数据驱动智能分析及辅助决策。通过应用自研 IoT 系统，中国一汽集团在生产制造层面实现了对冲压、焊装、涂装、总装四大工艺共计 52 万个工艺采集点的数据采集，从而获取了整车全特征数据，形成"一车一档"并成功上线[①]。在繁荣工厂做到"商品车交付，数据车上云"，在车辆交付给客户的同时，与其相关的所有数据如生产过程中的各项参数、

---

① 资料来源于中国日报，《2023 世界新能源汽车大会开幕，中国一汽分享全周期全生态减碳架构构建路径》，2023 年 12 月 9 日。

质量检测报告等都被实时上传至云端。2018 年 11 月 8 日，中国一汽集团入选《2018 中国企业知识产权竞争力百强榜》，以总分 70.3 分排名第 32，数字创新取得重大进步①。

在业务方面，2005 年中国一汽集团提出"业务单元"的概念，通过对原有业务流程进行解构和重组，中国一汽集团将管理颗粒度从流程级细化到业务活动级，实现企业精准控制与优化。业务单元是各业务角色在流程中的原子级业务活动，由角色、输入输出、标准、规则等 39 项要素构成。执行业务单元的过程就是对业务单元输入信息加工处理形成输出的过程。数字化一定要结合具体的业务、应用场景，要结合每个员工的数字化工作台去实现数字化转型，这样才能更好地支撑企业的智能制造。针对业务单元，中国一汽集团明晰员工操作标准，通过标准化管理指引，使员工能够清晰了解应该在什么时间做什么事、使用什么方法和工具、达到什么质量和标准。这不再是简单地遵循流程和职责，而是细化到执行业务单元的操作标准，以确保高质量地完成输出。业务流程在线执行，实现了业务孪生。数据显示，中国一汽集团提升工艺评审效率 80% 以上，节约费用 627.9 万元/年。②

中国一汽集团将数字创新深入到了集团的方方面面，通过自主开发的 EAMAP 系统，对其业务流程中的业务单元进行资产化管理，形成企业架构资产在管理视角的"业务地图"。这一地图不仅反映了当前的业务状态，还通过不断动态更新调整来确保业务单元与最新的业务状态相匹配。中国一汽集团通过推进 IPD 转型，实现了产品策划精准度的提升、产品周期的压减、质量问题的降低以及平台件通用化率的提高，从而全面提升了项目管理水平。同时为了使组织内部与数字化转变相适应，中国一汽集团从人才入手，深度挖掘人才能力。在企业范围内用"四能"改革作为突破口，即干部能上能下、机构能增能减、薪酬能高能低、员工能进能出，改变了员工因循守旧的思维，在企业内部形成了不养懒人、闲人、庸人的市场化激

---

① 资料来源于《中国企业知识产权竞争力报告》，2018 年 11 月 8 日。

② 资料来源于 21 世纪商业评论，《中国一汽上线 GPT-BI，大模型技术融入数智化转型》，2024 年 1 月 24 日。

励体制。中国一汽集团利用云原生的核心理念，如容器化、微服务架构、自动化管理以及分布式架构，构建了一个稳定、高效、灵活的技术平台。在这个平台上，中国一汽集团能够快速部署和扩展应用程序，满足不断变化的市场需求。同时，通过自动化管理技术，中国一汽集团提高了应用程序和服务的部署效率，减少了人为错误，提升了整体运营的可靠性。此外，分布式架构使中国一汽集团能够将应用程序和服务部署在多个地理位置的云环境中，实现了高可用性和容错性。这一技术平台不仅为中国一汽集团的数字化转型提供了强大的支持，还为推动"新四化"奠定了重要基础。在智能化方面，云原生技术使中国一汽集团能够更高效地处理和分析数据，为智能化决策提供了有力支持。在网联化方面，云原生平台为车辆与网络的连接提供了稳定的基础设施，推动了车联网技术的发展。在电动化方面，云原生技术有助于优化能源管理和充电设施的建设。在共享化方面，云原生平台能够支持高效的资源调度和共享，促进共享出行模式的创新。同时为了改变传统的纸质流程文件线下编写方式，中国一汽集团通过调用组件实现流程在线编写，将流程与业务单元关联，实现流程图的自动生成。这有助于及时推送流程相关方进行在线审批和发布，提高流程管理的效率和透明度。

在数字化转型初期，中国一汽集团展现出了对环境变化的敏锐感知和快速适应能力。这使中国一汽集团能够迅速捕捉到市场、技术、政策等方面的变化，通过调整战略和业务模式来应对这些变化，进而使中国一汽集团能够在激烈的竞争中保持灵活性和竞争力。中国一汽集团在注重内外部资源的整合与配置的同时，也不断构建数字化转型所需的基础设施和能力体系，不断对技术进行创新，利用数字技术与业务流程相结合，推动产品和服务的创新。企业积极引入新技术、新设备和新人才，同时优化现有资源的配置，提高资源利用效率。大数据、人工智能等先进技术手段越来越大规模应用，对于中国一汽集团而言，从经销商到客户的管理延伸，带来的是对海量信息的需求和孤岛困境，因此中国一汽集团开始通过新零售模式重塑业态结构与生态圈。"红旗营销云"双中台用数据中台来打破数据"孤岛"，使数据在营销服务、移动出行、智能网联、研发设计、生产制造与供应链间自由流动。聚合共享，高效协作，在加快业务创新响应能力的同时，中国一汽集团通过优化组织结构、建立跨部门协作机制等方式，提高组织协同和执行能力。这使企业能够更好地整合资源、协调各方利益，推动数字化转型的顺利进行。这些动态能力共同构成了中国一汽集团在数字化转型初级阶段的核心竞争力，为企业未来的发展奠定了坚实的基础。然而，随着数字化转型的深入进行，企业还需要不断提升和完善这些能力，以应对更加复杂多变的市场环境和技术挑战。

大数据等数字技术的应用使中国一汽集团实现了业务数据化，使公司业务透明度与响应速度大幅提升，实现了业务信息化。同时中国一汽集团通过调整产业结构、建立跨部门协作机制等与数字平台相适应，让数据与具体业务相结合，进而推动业务进行，实现了数据业务化。在这个过程中，中国一汽集团的动态能力不断增强，企业可以快速感知市场与政策环境变化，进而积极响应，提高资源与人员配置效率，进而提高企业创新绩效。中国一汽集团数字化转型初级阶段数字技术、动态能力与数字创新绩效的关系如图4-2所示。

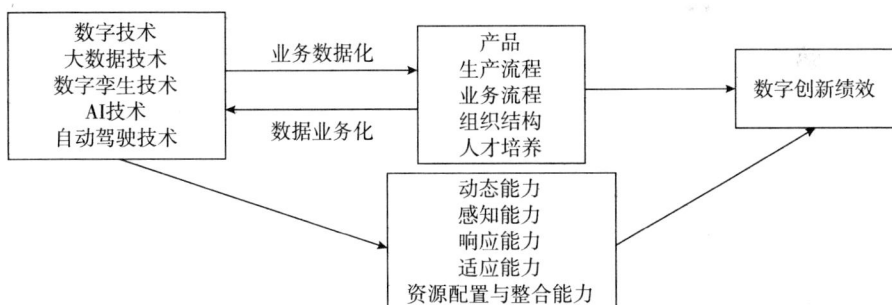

图4-2　中国一汽集团转型初级阶段数字技术、动态能力与
数字创新绩效的关系

四、中国一汽集团数字化转型高级阶段案例分析

在数字化转型过程中，面对销量不佳的情况，中国一汽集团要做的首

先是"破局"。通过数字技术的应用与创新，逐渐形成了属于自己的数字化布局。而在数字化转型的高级阶段，中国一汽集团需要把握节奏和火候，以确保转型的成功和效率。

五年来，中国一汽集团在大制造领域，以业务体系数智化为基础，以制造运营数智化转型为载体，以人员能力数智化转型为助力，短期取得变革工作成效，长期培养数智化工作思维，助力打造"一汽制造数字孪生体"。在产品的生产制造层面，中国一汽集团红旗品牌应用自研 IoT 系统，遵循"应采尽采"原则，接入 50 万个数据采集点，通过数据治理，实现整车全特征数据获取，汇聚制造过程质量、效率、成本等全维度核心数据并进行绑定，形成"一车一档"。在工厂的数智化建设层面，对车间、设备、生产线和工厂等核心要素的数字孪生，构建孪生工厂与数字化车间，对整个制造过程实时映射、动态感知和分析优化，以数据驱动管理和决策，实现卓越制造和效能增长；构建生产线的数字孪生模型，通过模拟实验对生产流程进行优化，进而提高生产效率和质量。同时，利用数字孪生技术模拟产品的运行状态，预测其性能表现，为产品设计改进提供依据。

中国一汽集团在数智化转型方面的战略规划和实施路径展现出了前瞻性和系统性。以"数据驱动美妙出行"为愿景，公司不仅明确了转型的目标，还详细规划了实现这一目标的关键路径和领域。围绕"业务赋能、产品智能、生态智慧、数据增值"四个核心方向，中国一汽集团正在全面深化数字化转型。通过中台建设，集团实现了业务、数据和技术的融合，提升了内部协同和创新能力。以数据为引擎，集团正通过数据挖掘和分析，发现新的商业机会和价值增长点。在具体实施上，中国一汽集团以产品诞生、订单交付、客户服务三大主流程为主线，全面推动数字化转型。在产品诞生流程中，通过数字化工具和技术，集团提升了产品设计和开发的效率和质量。在订单交付流程中，数字化转型使生产计划和物流管理更加精准和高效，提高了订单响应速度和交付准确性。在客户服务流程中，数字化手段使集团能够更好地理解客户需求，提供个性化的服务体验。

在转型过程中，中国一汽集团紧密围绕"业务赋能、产品智能、生态智慧、数据增值"四大核心领域展开工作。集团通过业务赋能,利用数字技术优化业务流程,提升运营效率,实现业务模式的创新和升级。在产品智能方面,一汽集团致力于研发更加智能化、人性化的汽车产品,满足用户对出行体验的更高需求。生态智慧的建设则体现在与合作伙伴共同构建数字化生态系统,实现资源共享和互利共赢。而数据增值则是通过深度挖掘和分析数据,发现新的商业机会和价值增长点,为公司创造更多的商业价值。为了实现这些目标,中国一汽集团以中台建设为核心,通过整合数据和资源,打通各部门之间的信息壁垒,实现业务、技术和数据的融合。同时,中国一汽集团以数据为引擎,推动数据在业务流程中的深度应用,提升决策的准确性和效率。在具体的转型实践中,中国一汽集团以产品诞生、订单交付、客户服务三大主流程为主线,全面推动数字化转型。在产品诞生流程中,一汽利用数字化技术提升产品研发和设计的效率和质量;在订单交付流程中,通过数字化手段优化生产计划和物流管理,提高订单响应速度和交付准确性;在客户服务流程中,利用大数据和人工智能技术提供更加个性化、精准的服务。

中国一汽集团围绕"1164"数智化转型战法,围绕 6 纵 3 横业务主线,成立九支业务 IT 一体化战队,打造一汽数智运营系统(DIOS),全面实施业务数智化、数据服务化转型,以员工工作台应用为入口,实现全部业务云端桌面化,同时,用数据优化业务模式,加速业务与数据深度融合;采取方法保障、平台保障、组织保障人员能力的"三项保障"机制,提升全维数智化能力,争取用两年左右时间,实现业务数智化孪生 100%、运营效能提升 100% 的"双百"目标;构建以红旗繁荣工厂为灯塔标杆的绿色智能制造工厂体系,应用数字孪生技术,在行业内首创"商品车制造虚实孪生"。同时,中国一汽集团构建了一部四院研发体系的技术支撑和三国五地的全球研发布局。其中,长春是其全球研发总部,并新组建了造型设计院、新能源研发院、智能网联研发院;前瞻技术创新分院和体验感知测量研究院在北京,新能源研发院在上海,前瞻设计创新分院在德国慕尼黑,人工智能研发分院在美国硅谷。依托于全球化研发体系的搭建,未来红旗品牌将在多个领域展开全面发展。目前，一汽红旗已经在行业内率先实现了实体车的"数字孪生车"，开创"数字化车理念"，做到"商品车下线，数字化车上云"。

中国一汽集团积极关注外部动态，注意数字技术的发展与变革，坚持"以用户为中心"的理念。在元宇宙领域的布局上，中国一汽集团展现出了前瞻性和战略眼光。通过虚拟现实技术，使用户可以在元宇宙中体验一汽的新车型和新技术；通过数字孪生技术，一汽可以实时监测和优化车辆的性能和安全性。中国一汽集团通过全新的技术手段、丰富的社区玩法、多维度的链接形式，率先完成元宇宙领域布局。在数字基础设施方面，中国一汽集团主要进行了构建平台和数字基础设施维护。面向大研发、大制造、大营销、大运营和数据增值运营等关键领域，以数据为引擎，构建行业领先的数字技术平台，搭建汽车行业工业互联网平台。中国一汽集团在原有数字基础建设上，对基建也进行了新的探索，重点建设了基于 3D 模型的协同设计和虚拟仿真平台。这种平台利用先进的 3D 建模技术，使设计师、工程师和其他相关人员能够在一个共享的数字环境中协同工作，提高设计效率和质量。同时打造基于"5G+工业互联网"的数字化工厂，不断探索适应经济环境和企业发展的数字基础设施。

根据中国一汽集团规划，将把红旗打造成中国第一品牌，并以中国式新高尚精致主义作为红旗品牌理念，奋力向 2035 年 50 万辆级目标迈进。同时，中国一汽集团新能源渗透率不算很高，需要进一步提速追赶。目前，中国一汽集团旗下两大自主乘用车品牌奔腾和红旗在新能源汽车市场的表现并不突出。从销量数据来看，2023 年红旗品牌新能源零售销量突破 8.5 万辆，同比增长 135%[①]。尽管翻倍增长，但销量表现仍不及造车新势力，以及多家传统车企推出的新能源汽车品牌。从产品来看，红旗官网显示，截至 2024 年，红旗品牌在售新能源车型包括 E-QM5 和 E-HS9 两款车型，产品线并不丰富。为了应对这一挑战，中国一汽集团正全力投入新能

[①] 资料来源于中国一汽，《红旗品牌零售销量突破 370000 辆》，2024 年 1 月 1 日。

源汽车的研发，未来将推出 5 款新车型，其中包括红旗 H7 插电式混合动力轿车等车型。2023 年 1 月，徐留平宣布了红旗新能源全球战略，明确提出"All in"新能源，红旗品牌计划未来三年将推出 15 款新能源车。中国一汽集团采取了一系列措施来提速追赶新能源市场的步伐，已经在多个领域都取得了显著的创新成果。例如，在新能源领域，中国一汽集团掌握了豪华电动车高性能电驱系统设计能力，并成功推出了首款 245 千瓦级别乘用车永磁电驱平台。这些成果不仅提升了中国一汽集团的市场竞争力，也为整个汽车产业的进步做出了贡献。一汽红旗品牌在新能源战略推进中，将红旗新能源独立为子品牌，以强化其在新能源汽车领域的竞争力。在红旗主品牌下，目前共设立有"红旗金葵花""红旗新能源""红旗节能车"三大子品牌，这种品牌架构的升级有助于红旗品牌更加精准地满足不同消费者的需求，并进一步提升其在各个细分市场的影响力。在新能源营销体系建设方面，目前红旗已经构建了"直连用户、直达门店、直接交易、直面服务、直链生态"的"五直"智慧销售模式，通过数字化手段，建立与消费者的直接联系，全面重构厂—商—客户链接关系，实现了信息的快速传递和反馈。这是对传统汽车销售模式的一次全面升级。与此同时，红旗品牌在新能源战略推进中通过强化人才选拔与专业技能培训，成功打造了一支具备专业素养和创新能力的营销团队，为品牌在新发展阶段的快速成长奠定了坚实的营销体系基础。这支"铁军"将成为红旗品牌在未来市场竞争中的重要力量，推动品牌不断向前发展。

2023 年，中国一汽集团对内宣布成立红旗品牌运营委员会以及相关的人事调整。转型根本在于人，调兵遣将打胜仗。一汽及时调整领导层面的顶层设计使其与营销管理体系相呼应，2023 年 9 月 19 日，中国一汽营销创新院、红旗营销中心、红旗新能源营销中心的部分机构、职能被整合为新的营销中心。由数字化高管兼任红旗数字化负责人，使红旗数字中台与集团相融合。为了激发创新活力，一汽创立了沈曾华自主创新奖，用于激励那些在创新创造方面做出杰出贡献的个人或团队。同时，实施"擎·才"人才强企战略，通过吸引、培养和留住人才，为企业的创新发展提供坚实的人才保障。

在这一阶段，中国一汽集团对生态智慧的建设给予了高度重视，并致力于不断构建其创新生态圈。通过与合作伙伴共同构建数字化生态系统，实现资源共享和互利共赢。中国一汽集团迭代发布了《创新·2030 中国一汽红旗阴旗技术发展战略》，展示了其对未来汽车技术趋势的深刻洞察，并确定了创新发展、转型升级的全员共识。这一战略不仅为一汽指明了创新方向，也为整个汽车产业提供了引领和示范。为了构建开放的创新生态，中国一汽集团成立了协同创新实验室，与行业内外的合作伙伴共同开展技术研发和创新活动。这种合作模式有助于汇聚各方资源，加速技术创新和成果转化。中国一汽集团与华为在多个领域展开了深度合作，包括数字化解决方案、云计算、大数据等，腾讯、百度、阿里云既是中国一汽集团的方案提供商也是中国一汽集团的重要合作伙伴，它们与中国一汽集团共同探索数字化转型的新路径，为汽车产业的创新发展提供有力支持。同时，中国一汽集团还与汽车之家、IBM（中国）有限公司、NTT DATA 等企业在数字化领域展开了广泛合作。这些合作伙伴为中国一汽集团提供了丰富的数字化资源和技术支持，帮助中国一汽集团加速构建数字化汽车生态体系。此外，中国一汽集团在产业链层面实现电池全价值链绿色可循环，孵化成立了专门的电池回收利用公司，并进入了工信部白名单；中国一汽集团还建立了减碳技术创新及应用平台，并基于红旗 4S 店打造电池回收服务生态，以加快形成电池产业循环生态系统。

中国一汽集团在这一阶段的动态能力与初级阶段相比，在多个方面表现出明显不同。首先，在环境感知与适应能力方面，初级阶段的中国一汽集团主要关注对市场、技术、政策等外部环境变化的初步感知和简单适应。而在高级阶段，企业不仅具备了更强的环境感知能力，能够更深入地分析和预测市场趋势，还形成了更为灵活和高效的适应机制，能够迅速调整战略和业务模式以应对复杂多变的市场环境。其次，在资源整合与配置能力方面，初级阶段的中国一汽集团可能还在摸索如何有效整合内外部资源，优化资源配置。而到了高级阶段，企业已经形成了更为成熟和高效的资源整合与配置机制，能够充分利用各种资源，推动数字化转型的深入进行。

再次，从学习与创新能力来看，初级阶段的中国一汽集团可能还在学习新技术、新方法和新理念，并尝试将其应用于实际业务中。而到了高级阶段，企业已经形成了持续创新的文化和机制，能够不断探索新的业务模式、产品和服务，推动企业的创新发展。最后，在组织协同与执行能力方面，初级阶段的中国一汽集团还在努力优化组织结构，建立跨部门协作机制。而到了高级阶段，企业已经形成了高度协同、高效执行的组织体系，能够确保各项战略和计划的顺利实施。

中国一汽集团在数字化转型的高级阶段所取得的成果充分展示了数字技术对企业业务流程、数字创新绩效以及整体动态能力的深刻影响。中国一汽集团通过搭建创新平台、鼓励员工参与创新活动、与外部合作伙伴共同研发等方式，推动了数字技术与业务的深度融合。在数据+业务智能化方面，中国一汽集团通过整合内外部数据资源，利用大数据分析和人工智能技术，实现了对业务需求的精准洞察和预测。这使其能够更快速地响应市场变化，提高自身动态能力。中国一汽集团通过与供应商、客户、合作伙伴等建立紧密的合作关系，形成了一个开放、共享、协同的创新生态系统。在这个生态系统中，各方可以共同研发新技术、新产品，分享资源和经验，实现互利共赢。中国一汽集团数字化转型高级阶段数字技术、动态能力与数字创新绩效的关系如图4-3所示。

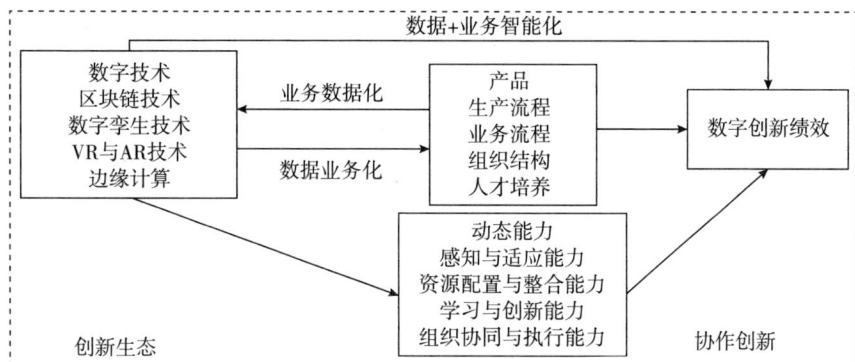

图4-3 中国一汽集团转型高级阶段数字技术、动态能力与数字创新绩效的关系

第二节　三一重工股份有限公司*

一、案例选择

基础设施建设已经成为我国经济发展的重要驱动力，为我国经济增长提供内生动力。基础设施建设过程中，工程机械无疑扮演着至关重要的角色。从道路建设到桥梁施工，再到水利电力项目，工程机械无处不在，为这些关键项目的顺利进行提供了有力保障。它们不仅提高了施工效率，降低了劳动力成本，还通过其先进的技术和智能化功能，推动了基础设施建设的质量和水平不断提升。地产和基建作为经济发展的重要支柱，与工程机械行业有着密切的联系。工程机械在地产、基建等领域的广泛应用，使其成为观察经济动态的重要指标之一。工程机械市场的表现往往能够反映经济的整体运行状况，通过观察其发展趋势和市场需求，人们可以更好地把握经济发展的脉搏。工程机械行业是观察经济形势的重要窗口，其发展状况对于判断经济走势具有重要意义。近年来，随着大数据、互联网、云计算、区块链以及人工智能等数字技术的迅猛发展，工程机械行业正经历着前所未有的深刻变革。数字化转型已经成为工程机械行业发展的重要趋势和关键动力。通过充分利用大数据、互联网、云计算、区块链以及人工智能等数字技术，工程机械企业可以不断提升自身的竞争力和创新能力，实现高质量发展。先进的数字技术为工程机械行业注入了新的活力，使其在生产、运营、管理等多个方面取得了显著的进步。

三一重工股份有限公司（以下简称"三一重工"），作为工程机械行业的佼佼者，自1994年成立以来，始终坚守技术创新与品质卓越的核心价值

---

* 本案例参考《案例│3年投入超150亿，三一重工全面数字化的"灯塔工厂"征途》。

观，不断深耕工程机械领域，取得了令人瞩目的成就。其母公司三一集团，由梁稳根先生于 1989 年创立，奠定了坚实的行业基础。多年的积淀与发展，使三一重工在国内工程机械市场上稳坐头把交椅，更在国际市场上赢得了广泛认可。其产品系列丰富，包括混凝土机械、挖掘机械、起重机械、桩工机械、筑路机械等，广泛应用于各类基础设施建设项目。三一重工连续 12 年成功荣获中国工程机械用户品牌关注度第一名。目前，三一混凝土机械稳居世界第一品牌，大吨位起重机械、履带起重机械、桩工机械、掘进机械、港口机械稳居中国第一。三一重工作为中国工程机械行业的领军企业，一直秉承着专注于研究、开发、制造和销售工程机械的核心理念，不断推陈出新，引领行业技术潮流。公司拥有一支高素质的研发团队，致力于技术创新和产品研发，为市场提供了众多具有竞争力的工程机械产品。三一重工的产品线涵盖了挖掘机、起重机、混凝土机械等多个领域，这些产品在国内市场上占据重要地位，并远销海外，为全球的基础设施建设做出了重要贡献。在建筑、交通、能源等领域，三一重工的产品得到了广泛应用，以其高效、稳定、安全的性能赢得了客户的一致好评。三一重工在工程机械领域的卓越表现不仅体现在其产品的创新性和竞争力上，更在于其完善的售后服务体系和积极拓展国际市场的战略眼光。三一重工积极拓展海外业务，推动产品出口。公司产品已出口到多个国家和地区，覆盖了亚洲、欧洲、美洲等多个区域。三一重工凭借其卓越的技术实力和产品品质，在全球市场上赢得了良好的声誉。三一重工作为中国工程机械行业的翘楚，其数字化转型的成功经验已成为行业的标杆，从市场营销、生产制造到日常运营，三一重工的数字化战略已取得显著成效，因此，三一重工的案例对于研究数字化历程中的数字技术应用、动态能力的构建与数字创新绩效之间的关系具有极高的价值。通过对三一重工的深入研究，可以更好地理解数字化转型的内在逻辑和机制，为其他企业的数字化转型提供有益的参考和借鉴。

二、三一重工发展历程

（一）发展历程

三一重工自1994年11月22日成立以来，便以自主创新为核心驱动力，迅速崛起为中国乃至全球工程机械领域的领军企业。在梁稳根董事长的领导下，三一重工凭借对技术创新的执着追求，不断打破传统束缚，实现了从乡镇企业到世界500强的跨越式发展。成立之初，企业员工数量只有十几人，但创始人梁稳根致力于研制混凝土输送泵等产品，并聘请了行业内的知名专家来把关技术。三一重工自起步阶段便展现出强大的研发实力，成功开发并销售混凝土输送泵，标志着公司正式踏入工程机械领域。公司更是成功研制出我国第一台大排量、高压力混凝土输送泵，这一创新成果不仅体现了三一重工在技术研发上的深厚底蕴，也奠定了其在建筑机械领域的技术领先地位。

1999年，三一重工敏锐地洞察到挖掘机行业的巨大潜力，果断决定进行业务拓展。这一决策不仅扩大了公司的业务范围，更为公司带来了新的增长点。挖掘机作为工程机械领域的重要产品，其市场需求量大、技术含量高。三一重工凭借其在工程机械领域的深厚积累，迅速在挖掘机市场占据了一席之地。2000年，三一重工进行了重组，公司进行了重组，进一步优化了资源配置，提升了运营效率。与此同时，公司的主导产品混凝土输送泵和泵车在中国市场的份额达到了第一，彰显了公司在行业内的领导地位。同年，三一重工向国家知识产权局提交了第一件专利申请，这标志着公司在技术创新和专利布局方面迈出了重要的一步。专利是企业技术创新的重要成果，也是保护企业核心竞争力的有力武器。三一重工注重专利申请和保护，不仅有利于维护公司的技术优势，更为公司的长远发展奠定了坚实的基础。2003年，三一重工在上海A股成功上市，这为公司后续的发展提供了强有力的资本支持。2005年，三一重工成为全球第二家通过欧盟CE安全认证的混凝土泵车制造商，标志着其混凝土机械的产品质量和安全性达到了国际先进水平；同时，在这一年三一重工进行股权制度改革，成为国内首家完成股权分置改革的试点。

2005 年后，三一重工进入快速发展时期，专利申请量开始快速增长。在这一阶段，三一重工的专利活动日益活跃，技术创新和专利布局成为公司发展的重要驱动力。2008 年，经济危机的爆发对全球经济造成了深远的影响。企业和金融机构陷入困境，导致失业率上升和经济增长放缓。全球贸易量也大幅下降，许多国家和地区出现了社会动荡和政治不稳定。在这种情况下，三一重工作为中国工程机械行业的领军企业也难以幸免。在全球金融危机的冲击下，三一重工的业绩出现了大幅下滑。由于市场需求减少，公司的销售收入和利润都受到了严重影响。为了应对这一困境，三一重工不得不采取一系列措施，包括缩减生产规模、降低成本、优化产品结构等，以维持公司的正常运营。三一重工在面对困境时并没有放弃，公司积极调整战略，加强技术创新和产品研发。三一重工在这一年推出了火星号汽车混凝土泵车，这是当时世界上最大的混凝土泵车，为中国的城市化建设和奥运会的成功举办提供了重要的技术支持。同时，公司也积极开拓海外市场，寻求新的增长点。2009 年，三一重工开始拓展海外市场，在印度、巴西、泰国、马来西亚、澳大利亚等国家建立了生产基地和销售中心。

为了给顾客提供更全面、周到的产品和服务，2010 年，三一重工全面推行"3S（销售、服务、配件）一体化"战略。2012 年，公司在美国设立工厂，但由于市场需求不足，工厂运营不佳，导致公司亏损。不过，三一重工并没有放弃在国际市场的发展，其不断提升产品质量和服务水平，积极拓展市场，取得了一定的成绩。三一重工一直致力于提升自主研发能力，每年都会将营业额的 5%~7%投入研发①。2012 年前后，三一重工的专利申请数量达到峰值。2017 年 12 月，三一重工开始申请一项关于钢丝绳导向装置及旋挖钻机的专利，这一专利历经数年研发，最终成为工程机械领域的

① 资料来源于中国公路，《推广｜三一重工 H8 环保沥青站无尘主楼烟气直燃打造行业新标杆》，2019 年 1 月 25 日。

一次重要突破。2018 年，国内首款互联网商用车三一重卡开始放量，年内累计销售 6000 余台①。2021 年，三一重工入选福布斯全球企业榜单第 468 位，首次跻身《福布斯》榜单全球企业 500 强②。2023 年，三一集团提出了"三化"战略，即全球化、数智化、低碳化，这标志着公司正迈向一个全新的发展阶段。同时，三一集团宣布开启第三次创业，致力于成为智能制造、国际化、高质量发展的典范。

（二）数字化转型历程

2023 年，工信部等七部门联合发布《机械行业稳增长工作方案（2023—2024 年）》，方案提出加快推广智能制造新模式，"面向装备制造业，开展模型驱动研发、数字虚拟中试等，打造敏捷高效的高端装备研制能力"。三一重工作为装备制造业龙头，一直积极推动数字化转型，将互联网、物联网、大数据、人工智能等新兴科技与实体经济相融合，打破了工程机械行业的商业边界。全球化、数智化、低碳化战略，持续强化研发能力与产品核心竞争力。

中国工程机械行业在 21 世纪初没有大型设备制造能力，只能依赖先进工业国家进口。但这些大型设备往往价格十分昂贵。三一重工自 1994 年成立以来，经过短暂探索发现技术引进路子行不通，昂贵的专利费严重影响了企业的发展，技术壁垒与专利壁垒必须靠自主研发。于是在 2008 年，三一重工进军千吨级起重机市场，研发人员开始攀登"工程机械技术珠峰之顶"。参照网上少量的公开图纸与参数，经过两年时间的探索、攻关，2010 年，国内首台千吨级汽车起重机成功下线。

为解决企业高速增长与获得可持续效益之间的矛盾，三一重工开始用数字化和信息化来做支撑，三一重工于 2011 年推出智能化智联世界战略，利用智能化控制系统和大数据分析，迎来企业的数字化转型。

---

① 资料来源于海通证券，《三一重工研究报告：价值兼具成长，工程机械龙头出海再起航》，2023 年 5 月 17 日。

② 资料来源于长沙晚报，《三一重工首次跻身世界 500 强》，2021 年 5 月 14 日。

1. 全面重构信息化系统阶段（2013~2015 年）

2013 年 4 月，三一重工组建流程信息化总部，开始实施信息化改造，推进信息化平台的搭建。通过建立流程信息化专业管理平台（ARIS），三一重工按照自己的规则和方法对流程环境进行分析，并完成业务流程的设计、实施和控制，奠定"流程文件化、平台信息化"的基础，提升了整体运营效率和客户满意度。为加强数字化技术在制造方面的应用，三一重工在起重机事业部进行了数字化工厂试点，通过引入数字化技术提升制造过程的智能化水平，提高产品质量和生产效率。2013 年，三一重工的"混凝土泵车超长臂架技术及应用"荣获 2012 年度国家技术发明奖二等奖，这体现了公司在混凝土机械领域的深厚技术积累和创新能力。同时，三一重工还陆续推出了 C8、A8、V8 等新品，进一步巩固了其在混凝土机械领域的全球领先地位。数字创新给三一重工带来了显著的绩效进步，使其在混凝土机械和挖掘机械领域取得了显著的市场地位。其混凝土机械销售收入超过了 190 亿元，稳居全球领先地位；挖掘机械销售收入也超过 79 亿元，在国内市场上连续多月蝉联销量冠军[①]。此外，公司的旋挖钻机、沥青搅拌站、摊铺机等产品销售也持续增长，进一步巩固了其在国内市场的领先地位。

三一重工在 2014 年继续加强研发创新，推出了一系列新产品。例如，公司推出了液化天然气（LNG）搅拌车、新一代 E 系列履带起重机、国际化拳头产品轮式装载机以及三一帕尔菲格首款高空作业车等，这些新产品不仅丰富了公司的产品组合，也为公司提供了新的利润增长点。2014 年，三一重工在流程信息化变革方面取得了显著进展。通过与 SAP 和 IBM 的合作，公司成功推进了流程信息化的变革，联手打造了端到端的业务管理平台。这一平台的建立有助于实现业务流程的优化和整合，提高了企业的运营效率和响应速度。同时，三一重工还启动了 CRM 系统一期项目。CRM 系统是企业实现客户关系管理的重要工具，通过这一系统的实施，公司可以更好地了解客户需求，提供个性化的产品和服务，增强客户黏性和满意度。

---

① 资料来源于三一重工 2013 年年报。

此外，三一重工在 2014 年还全面推广了产品生命周期管理（PLM1.0）。PLM 是一种先进的管理理念和技术手段，它能够帮助企业实现产品从设计、制造到维护等全生命周期的管理。通过 PLM 的实施，三一重工可以更好地掌控产品的质量和性能，提高产品的竞争力和市场占有率。

2015 年，三一重工初步搭建了具备各类数据接入能力及数据质量可视化分析能力的大数据软、硬技术平台，进一步优化数据管理体系，升级 ECC 系统。同时，公司还构建了大数据应用平台和团队，形成了市场预测、故障诊断、客户征信、研发验证、效率提升等方面的大数据应用能力。这些能力使公司能够更精准地把握市场趋势，提高产品质量和效率，增强客户满意度。为优化营销服务流程，三一重工还推动了客户管理系统 CRM 的实施，方便公司能够更好地管理客户关系，提高销售效率和客户满意度。

三一重工在这个阶段不仅加强了运营管理方面的信息化建设，同时在生产制造领域也进行了深入的信息化探索与尝试。2015 年，三一重工集团推出数字化智造战略，通过云计算、物联网、人工智能等技术，构建更加智能化、数字化、服务化的生产运营模式。依托工信部支持的"国家两化融合智能制造专项"科技项目，公司启动了长沙 18 号厂房的建设，这一项目标志着三一重工向全数字化智能制造工厂迈出了重要的一步。长沙 18 号厂房的建设与实施涉及了多个关键子系统，包括智能加工中心与生产线、智能化仓储与运输配送、计划与执行管控等。这些子系统的引入和应用，使传统制造业得以从人工作业、机械作业、单点的自动化向集成自动化、数控化、智能化设备作业转变。这一转变不仅提高了生产效率，降低了人工成本，还提升了产品质量和可靠性。

2. 转型构建数字化平台阶段（2016~2018 年）

在这一阶段，三一重工陆续上线和升级了营销信息化项目（CRM）、研发信息化项目（PLM）、产销存一体化项目（SCM）、供应商管理信息化项目（GSP）等信息化项目。在营销信息化方面，通过 CRM 系统，公司可以实时跟踪客户需求和市场动态，为销售人员提供精准的市场信息和客户数据，帮助他们制定更有效的销售策略。在研发信息化方面，PLM 项目的实施使三一重工的研发过程更加高效和精准。通过 PLM 系统，公司可以实现对产品生命周期的全面管理，从产品设计、制造到维护等各个环节都能够得到有效的协调和控制。同时，SCM 和 GSP 项目的推进也进一步提升了三一重工的供应链管理能力。SCM 项目的实施使公司的产销存一体化管理更加高效，实现了对供应链各环节的实时监控和优化。而 GSP 项目则帮助公司更好地管理供应商，确保供应链的稳定性和可靠性。

2016 年，三一重工开始实行工业互联网战略，并在物联网事业部的基础上，单独成立了树根互联股份有限公司（以下简称"树根互联"）。树根互联作为工业互联网平台企业，专注于打造工业互联网操作系统，并开发了以自主可控的工业互联网操作系统为核心的工业互联网平台——根云平台。这个平台不仅为装备制造、钢铁冶金、汽车整车及零配件、电气等数十个工业细分行业提供了工业互联网服务，还帮助这些行业实现了从研发到后市场服务的全价值链数字化转型。通过树根互联不断地创新和技术研发，公司连续四年入选工信部遴选的国家级跨行业跨领域工业互联网平台企业，并在权威机构 Gartner 的全球工业互联网魔力象限中连续三年入选，成为中国工业互联网平台的唯一代表。三一重工依托树根互联的"数字化转型新基座"，成功完成了 5.5 万个"三现四表互联"的壮举[①]。"三现四表互联"这一模式，是三一集团在数字化转型过程中的一项重要创新。其中，"三现"指的是现场、现实、现物，强调对实际生产过程中的各种要素进行精准把握；而"四表"则包括水、电、气、油表，这些表格是反映设备运行状况和生产效率的重要指标。通过"互联"，三一集团将这些要素和指标紧密地联系在一起，实现了对生产过程的全面监控和优化。

面对重型装备生产过程中的各种挑战，如零部件加工相互独立、生产线难以衔接、生产设备繁多以及网络连接复杂等问题，三一重工选择以数字化转型为突破口，以期实现企业的翻身与蜕变。2018 年，三一重工正式

---

① 资料来源于中国科技信息，《开讲啦！三一重工分享干货"灯塔工厂"如何助推制造业数字化转型》，2021 年 10 月 20 日。

确立了数字化、国际化发展战略。2018 年 3 月 13 日，全国两会期间，三一集团创始人梁稳根宣布启动数字化转型，投入百亿元资金，对旗下 40 座工厂进行改造。智能转型首先在湖南长沙的 18 号工厂开启。

在这一阶段的数字化升级过程中，三一重工注重从机器替代、机器决策、产品智能化三个层面进行深度推进。为了实现"一切流程在线化""一切业务数据化""一切数据业务化"的目标，三一重工重点推行了"流程四化""八大软件"的应用。流程四化包括标准化、在线化、自动化和智能化，旨在通过优化流程、提升效率，实现业务的全面数字化。而八大软件的应用，则为三一重工的数字化转型提供了有力的技术支持，使各个环节的数据能够更加精准、高效地收集和分析，为企业的决策和发展提供了有力的数据支撑。

3. 大力推进数字化智能化阶段（2019 年至今）

三一重工数字化进程如火如荼地进行，在这个过程中三一重工积极培育新赛道，不断进军新领域。"宁愿犯错，不愿错过"。面对低碳化的政策要求，2019 年，三一启动了电动重卡的研制，11 名研发人员，自己设计电池，自主研发电驱电控。2023 年，自主研发的第一辆电动重卡魔塔 1165 型载满 40 吨货物情况下，单次充电续航超过 800 千米，打破吉尼斯世界纪录①。

2020 年，三一重工启动了腾讯企微营销系统项目，通过与腾讯的合作，将现有 CRM 业务与企业微信进行融合升级。三一重工搭建了数据中台和技术中台，这两个平台的建立为企业提供了强大的数据处理和分析能力，以及技术研发和创新能力。数据中台集中存储、管理和分析数据，为决策提供了有力支持；技术中台则整合了内外部技术资源，推动了技术的创新和应用。三一重工继续完善智能柔性供应链，通过 FCC（工厂控制中心）快速分解订单，实现订单到交付的全流程数据驱动。

2021 年，三一重工积极推进灯塔工厂的建设，累计建成达产 14 家，产

---

① 来自湖南日报，《充电一次行驶 817.5 公里 三一电动重卡创新纪录》，2023 年 6 月 7 日。

能提升 70%，制造周期缩短 50%①。这一举措不仅提升了生产效率和产品质量，还成为公司的数字化转型的典范。三一重工在服务领域也进行了数字化转型。其提出在服务体系全面推广 AR 技术，并率先研究 AI、AR、5G 等新技术，以提升服务效率和质量。通过搭建售后远程支持平台，三一重工实现了从数据采集、数据存储到数据应用的全链条闭环，推动了服务体系的转型升级。在基础设施数字化运维方面，三一重工与广通优云合作，基于 UYUN 优云平台化运维理念，建立"运维平台+应用生态"的运维模式。这一举措为三一重工的数字化制造环境提供了体系化的运维保障服务，从技术、业务、组织等多个层面发力，提升了数字化制造的稳定性和效率。

2021 年，三一重工在"两新三化"战略的指引下，全面推进了新产品、新技术的研发，加强了电动化、智能化、国际化等方面的布局和投入。在这一战略框架下，三一重工特别加强了电动挖掘机、无人驾驶挖掘机等新产品、新技术的研发，从而进一步丰富了其产品线。2023 年，三一重工对"三化"战略进行了升级，明确提出了"全球化、数智化、低碳化"的战略方向。2023 年，三一重工共申请专利 1533 件，其中发明专利高达 854 件②。2024 年 3 月 27 日，三一重工成功取得钢丝绳导向装置及旋挖钻机专利的授权，该专利的实施将显著提高钢丝绳和滑轮的使用寿命，为旋挖钻机的性能带来显著提升。2024 年 3 月，三一集团与安霸（Ambaralla）达成战略合作，一同打造高阶智能驾驶方案。

三一重工敢为天下先，用十几年时间，走过其他国家与企业上百年没有走过的路。三一重工的自主创新能力强劲。集团每年 3 月 31 日也会举办科技节，展现创新创造成果，并会对优秀科技项目、优秀集体和先进科技个人进行表彰。当前，三一重工掌握 55 项关键技术，11 项是行业首创③。

---

① 来自三一重工 2021 年年报。
② 资料来源于三一集团官网，《年报解读：全年 58.65 亿元！三一重工打造"第一推动力"！》，2024 年 6 月 15 日。
③ 资料来源于湖南卫视新闻联播报道，《长风万里（7）三一集团：中流击水 挺立潮头》，2024 年 4 月 11 日。

经过多年的努力，三一重工的数字化转型取得了显著的成果。公司的数字化水平得到了大幅提升，业务竞争力也得到了进一步增强。同时，三一重工的数字化转型也为中国工程机械行业的数字化转型提供了有益的借鉴和参考。

三一重工集团数字化转型历程如图 4-4 所示，并对其数字化转型阶段进行简单划分。

图 4-4 三一重工数字化转型阶段

三、三一重工数字化转型初级阶段案例分析

在数字化转型初级阶段，三一重工积极布局数智化战略，制订了周密的数字化发展蓝图，从顶层设计入手，三一重工确保了数智化战略的全面性和系统性，通过明确战略目标和实施路径，公司能够在整个组织内部形成共识，从而确保数字化转型的顺利推进。以灯塔工厂建设为核心，以数据采集与应用、工业软件应用、流程优化为抓手，通过产品智能化建设，布局新赛道，向智能制造数据驱动型公司发展。灯塔工厂作为智能制造的典范，通过集成先进的信息技术和制造技术，实现了生产过程的自动化、智能化和高效化。从产品出发，三一重工在产品层面优先实现电动化、智能化的战略决策，不仅体现了公司对行业发展趋势的深刻洞察，还展现了

其积极应对技术瓶颈、持续推动技术创新的决心。围绕公司现有产品如混凝土机械、挖掘机械、起重机械、桩工机械、筑路机械等，开发智能辅助作业系统等技术，是三一重工实现产品智能化、电动化的重要举措。在挖掘机产品方面，三一重工以姿态传感器数据为核心，开发智能辅助作业系统。通过姿态传感器实时获取挖掘机的工作状态信息，结合先进的算法和模型，实现对挖掘机操作的精准辅助。充分利用工程车辆性能分析数据、专家知识、工程车辆历史故障等信息，以语义解析算法、知识图谱等技术构建工程车辆知识智能助手。这一创新举措使三一重工的工程车辆具备了"千车千面"的问题解答服务能力，能够根据每辆车的实际情况提供个性化的解决方案，大大提高了工程车辆的可靠性和维修效率。在施工类智能调度平台方面，三一重工基于产品能力外延，将场景知识以数字化手段呈现在调度管理的流程中。目前，该调度平台共有 7 款，涵盖 3 大智能场景，如路桥施工、搅拌站、矿山等。这些智能调度平台的应用，使得施工过程中的资源配置更加合理、高效，提高了施工效率和质量，降低了施工成本。在流程改进方面，三一重工始终致力于实现业务流程的优化与升级，以提升企业的运营效率和市场竞争力。公司聚焦从概念到产品、线索到回款、订单到交付、问题到解决四大主线，对核心业务流程进行深入分析与重构，以实现标准化、在线化、自动化和智能化的目标。三一重工在研发、计划、商务、制造、物流等多个关键环节自主开发了多款软件，以推动制造、供应链、采购、研发、营销等软件的运用与优化迭代。这些软件的应用不仅提升了各环节之间的协同效率，还使得企业能够更精准地把握市场动态和客户需求，为企业的决策提供了有力支持。三一重工注重将标准流程固化，确保每个环节都能够按照既定的标准和规范进行操作。同时，公司还实现了流程活动和节点的在线化管控，使得企业能够实时掌握业务流程的进展情况，及时发现和解决问题。

通过将"老师傅"的专业技能参数化、软件化，机器人程序能够更准确地模拟人工操作，实现精准控制，减少了人为因素的干扰，提高了生产的一致性和稳定性。三一重工持续推动无人下料、自动分拣、中小件自动开坡口、大件自动折弯、自动组对焊接、全自动机加工、机器人喷涂、自动化物流等工业软件研发落地与深度应用。在数字化转型的过程中，让内部人员理解和掌握数字化技术是一个重要且艰巨的任务。数字化不仅是技术的变革，更是思维方式和工作方式的转变，三一重工采取了一系列措施来推进内部人员的数字化学习。为了推进学习数字化，三一重工从 CIO 统一讲解、个人自学、小组讨论、提问答疑、闭卷考试等环节促进内部人员向数字化人才转型。三一重工还注重数据的治理和标准化，通过引入《DAMA 数据管理知识体系指南》等标准工具书，规范数据管理流程，确保数据的准确性、一致性和可用性，为工业软件的研发和应用提供了可靠的数据支持。集团常提"胡服骑射"的理念，即向外部原生态数字化企业不断学习。企业推行关键岗位有偿学习的制度，所有的关键岗位人员每周都有脱产不脱薪的时间，去学习软件、大数据、编程语言等，这也成为产业工人转型的关键举措。除了方便开展组织学习，同时对比科技企业调整优化，目前三一重工作息时间已改为弹性工作制，包含薪酬结构甚至是评定体系。在线学习（OLM）平台的建立，是三一重工在人才培养方面的创新举措。通过运用机器人 AI 技术，公司成功将成熟的技能通过程序化传授给新员工。这种方式不仅提高了培训效率，还确保了技能传授的准确性和一致性。新员工能够迅速掌握关键技能，更好地适应工作岗位，为公司的持续发展提供了有力的人才保障。"云之家"移动平台的设立，为三一重工的管理带来了革命性的变化。作为员工投诉申诉的平台，它形成了一个畅通的沟通渠道，员工能够及时反馈问题和建议，管理层也能够迅速了解员工的想法和需求。这种双向沟通机制不仅增强了员工的归属感和满意度，还有助于公司及时发现并解决潜在问题、优化管理流程、提升整体运营效率。

三一重工的数据中台建立方式与大多数企业有所不同，其特色在于将内部几乎所有的数据都进行了入户存储整合。数据已经成为企业的重要资产，有效的数据管理和应用能够为企业带来巨大的商业价值。将所有数据进行入户存储整合，不仅方便了数据的集中管理和查询，更为后续的数据分析和应用打下了坚实的基础。三一集团高级副总经理及 CIO 吕青海表示，即使目前有些数据尚未发现其价值，但随着时间的推移和技术的进步，这些数据可能会展现出巨大的潜在价值。三一集团执行总裁易小刚也提到一个推行理念，即凡是计算机能做的，不允许人来做；凡是计算机当中有的数据，绝不允许人来输。三一重工对数据价值的重视以及积极推行自动化和智能化以提升效率和产值的做法，是其数字化转型战略中不可或缺的部分。数据在现代企业中扮演着越来越重要的角色，它是企业决策的重要依据，也是优化流程、提升效率的关键。三一重工意识到数据的重要性，除了要做好产品的研发与人才的培养，数据的储藏与运用也是组织者所关注的。为了有效处理好数字中台的搭建，项目组先后找了近 30 家厂商比选，选择了国内具有竞争力的云厂商阿里云，与三一旗下树根互联合作搭建三一集团的数据中台。通过数据积极推动业务发展，转化数据动力，通过收集和分析大量市场数据，利用数据对生产、供应链、销售等各个环节进行实时监控和预测，促进企业的创新和发展。

三一重工在数字化转型的初级阶段，已经展现出了对数据与流程的高度重视，并以此为基础培育了以组织学习能力、产品运营能力和资源调配能力为核心的动态能力。这种前瞻性的战略布局，不仅使三一重工能够灵活应对企业内外部变化，更使企业能够不断调整和优化数字化战略，确保战略的有效执行。其中，组织学习能力依靠高级领导人对未来前景的判断与举措，高级领导人及时转变组织工作模式，积极引入数字化人才，为企业的数字化转型学习提供了有力支持。三一重工不仅注重数字化技术的引入和应用，更重视组织内部的学习和创新氛围的营造。通过制定明确的学习目标和计划，鼓励员工积极参与数字化转型学习，将学习的思想贯彻到组织运营的方方面面。现如今，三一重工已形成良好的学习氛围，领导者以身作则，鼓励员工进行持续学习和成长，通过各个环节如统一讲解、自主学习、小组讨论等激励员工迅速掌握内部外部新知识新理念。长此以往，具备组织学习能力的员工将能够形成系统性的思维，把所学知识运用到创新活动当中，结合当下市场变化和技术发展，大力促进组织数字创新绩效。

从产品运营能力来看，三一重工构建了全网营销平台与先进的客户关系管理系统，成功整合客户信息，实现精准营销。该系统借助大数据分析技术，深入洞察市场需求，精确定位目标用户，并推出个性化定制服务，为客户带来前所未有的购买体验。同时，三一重工积极运用 AI 技术，开发一系列智能化系统，如智能投放、智能管理等，显著提高营销的精准度和效果。有效地推广策略吸引新用户，并不断优化用户获取渠道，确保用户增长的持续性。面对市场变化和运营风险，能够迅速调整策略，勇于提出创新思路，为产品带来新的增长点。三一重工的资源调配能力则体现在领导的长远眼光，能够预测未来可能出现的资源需求变化，提前做好资源储备，能够制定明确的战略目标，并根据目标预测和规划所需的资源类型与数量。根据客户需求，精确计算最优物流路线，有效节约时间和成本；采用智能化设备和自动化工具，实现无人化生产现场，大幅提升生产效率，降低人工成本；利用 AR/VR 增强实景技术，打造智能化虚拟现实系统，进行详细的虚拟仿真，攻克技术难题，为企业创新发展注入新动力。

三一重工在数字化转型初级阶段的战略布局非常具有前瞻性和深度。通过积极推进数智化战略，公司正在实现从传统制造向智能制造的转型升级，积极拥抱物联网、云计算、大数据等前沿技术，实现了全面的信息化管理。在产品上，运用智能化技术，如智能驾驶、辅助作业与维修等；在场景上，如围绕矿山、搅拌站等特殊作业场景，实现少人和无人驾驶及作业协同。三一重工在数字转型初级阶段的探索对分析数字技术与数字创新绩效之间的关系提供了较大的实践基础，通过上文的梳理，本节绘制了三一重工转型初级阶段数字技术、动态能力与数字创新绩效的关系如图 4-5 所示。

四、三一重工数字化转型高级阶段案例分析

三一重工继续大力推进数字化、智能化的发展，企业数字化转型进入高级阶段，研发信息化、营销信息化、产销存一体化的数字化项目取得积极进展。2020 年 12 月 11 日，三一重工将现有 CRM 业务与企业微信进行融合升级的方式构建 SCRM 系统，为三一重工与用户之间建立起了便捷、通畅、

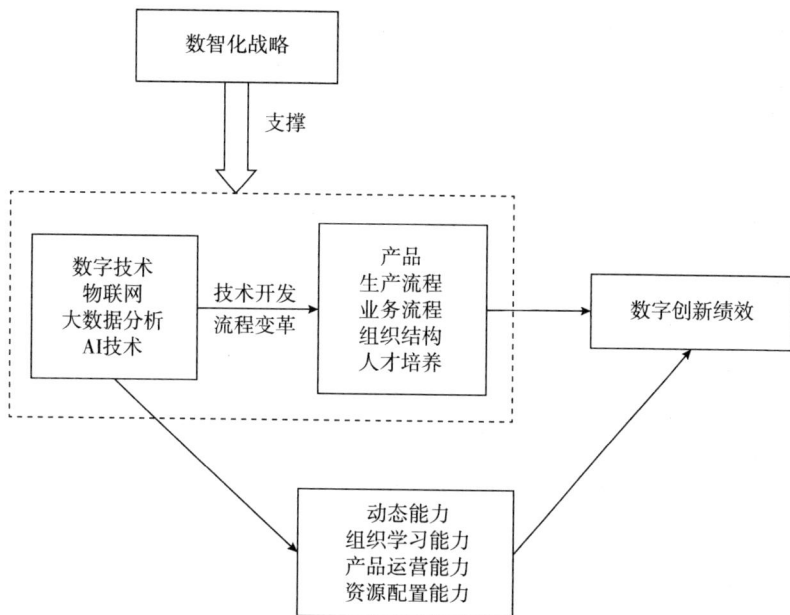

图 4-5 三一重工转型初级阶段数字技术、动态能力与数字创新绩效的关系

高效的专属沟通渠道。SCRM 系统为前端生产环节提供精准、实时、可视的多维度数据支持，促进集团产业链高效协同发展。同时，通过与企业微信营销功能的巧妙结合，帮助三一重工实现旗下百余家代理商营销能力的长期建设与健康发展。在制造环节，三一重工通过广泛应用自动化技术，公司成功打造了高效、可靠的生产线，提升了生产效率，同时也保证了产品的可靠性。智能化生产管理的实施，更是将三一重工的生产管理提升到了新的高度，通过建立可追溯的信息化生产管理系统，公司能够实时追踪物料，确保制造过程的高标准运行。同时还利用大数据分析对制造环节进行实时优化。通过对生产数据的深入分析，公司能够精准地找出生产过程中的瓶颈和问题，进而制定有效的改进措施。在机械设备的制造过程中，通常可以将其拆解为三个主要部分：底部结构、上部结构和功能性"手臂"。对于三一重工来说，其目标不仅是制造出高质量的机械设备，还致力于建立行业内的首个世界级"灯塔工厂"。"灯塔工厂"的概念代表了制造业的未来发展方向，它集高度自动化、智能化和技术创新于一身，能够打破传统制造模式的局限，大幅提升生产效率、降低成本，并提高产品质量。为了实现这一目标，三一重工成立智能制造总院与智能研究总院，会集了从董事高管到工艺员、设计员、程序员、检验员和技术工人的全方位团队。这些团队人员不仅具备深厚的工艺技术和软件技术背景，还富有创新精神和实践经验。他们通过深入研究市场需求和产品特点，应用先进的工艺技术，开发整体软件技术，实现了从点到线的关键突破。

三一重工的"灯塔工厂"已经在多个方面取得了显著的成果。其一，在分拣装配的智能化和无人化方面，工厂展现出了其领先的技术实力和创新精神。通过智能立库和 AGV 小车等先进工具的应用，物料在工厂内部实现了智能分拣和精准配送。这不仅提高了生产效率，减少了人工操作的烦琐和误差，还降低了劳动强度和安全风险，为工人创造了一个更安全、更舒适的工作环境。同时，5G 高清传感器等技术的引入使装配作业中的偏差可以自动修复，质量缺陷得到了杜绝。这进一步提升了产品质量和客户满意度，增强了三一重工在市场上的竞争力。"灯塔工厂"不仅在生产效率和质量上取得了显著提升，还在整体运营和管理水平上迈上了新的台阶。

其二，三一重工的"灯塔工厂"在生产制造过程中实现了数字化和智能化。通过深入应用工业机器人、视觉识别等数字技术，工厂成功地对机械加工、焊接等关键生产工艺进行了显著优化，从而大幅提升了生产效率和产品质量。具体来说，机器视觉技术的引入使工厂在焊接工艺上取得了重大突破。通过机器对坡口环境的"观察"，自适应调整焊接参数，工厂成功实现了高强钢多层单道焊接，一次性解决了钻杆方头焊接这一长期困扰行业的难题。工厂还通过数字化技术实现了对生产过程的实时监控和精准控制，通过收集和分析生产数据，工厂能够及时发现和解决生产中的问题，优化生产流程、提高生产效率，展现了其在智能制造领域的领先地位和创新能力。

其三，制造管理的软件化和数据融合也是"灯塔工厂"的重要特点。

通过制造运营系统 MOM、物联网管理平台 IoT 等系统的优化运用与深度融合，工厂实现了从订单到交付的全流程数据驱动。由华天软件基于 MOM 平台打造的"智能大脑"——FCC（工厂控制中心），这是整个工厂智能制造的核心。FCC 的引入使工厂实现了从订单到交付的全流程数据驱动。这意味着每一个生产环节，从原材料的采购到最终产品的交付，都能够被精准地追踪和管理。这种数据驱动的生产方式极大地提高了生产效率和产品质量，同时也降低了生产成本。它打通了与 ERP、PLM 等信息系统和设备自动化系统之间的鸿沟，形成企业统一的数字化生产管理平台。每台产品设备从原材料开始就拥有了一张专属"身份证"，订单可快速分解到每条柔性生产线、每台设备、每个工人，实现从订单到交付的全流程数据驱动，实现"一张钢板进，一台设备出"的智能制造全要素落地，确保了生产过程的可追溯性和透明度。由树根互联打造的"根云平台"也在后台不停运转，它要根据工厂里数千个数据采集点收集的工业大数据，为每一道工序，每一个机型，甚至每一把刀具匹配最优参数，优化生产节拍。在钢板切割分拣、电弧跟踪技术焊接、自动化装配等方面，三一重工也进行了大胆的创新和尝试，这些技术的应用不仅提高了生产效率和精度控制能力，还推动了柔性生产和智能制造的全面落地，使"灯塔工厂"能够更好地适应市场需求的变化，实现快速响应和高效生产。

在数字化转型的道路上，三一重工深刻认识到数据清洗与处理的重要性，并采取了一系列有力措施来应对这一挑战。为了有效处理海量的业务数据，三一重工不仅招募了 20 多名数据工程师，还在多个业务环节和系统中进行了深入筛选。他们成功地从 12 个业务环节和 200 多个业务系统中识别出 75 个核心系统，并整理出 4000 多张业务表格和高达 1.2 万亿条的业务及生产数据[①]。通过采用新老结合的策略，充分利用现有技术和资源，同时积极引进新的技术和方法，以确保数据的质量和准确性；在与供应商的紧

---

① 资料来源于中国经济周刊，《"云"上中国——千行百业的数字化转型故事》，2021 年 4 月 6 日。

密合作中，项目组在短短半年内成功完成了数据中台的上线工作。三一重工在数字化转型的执行思路，展现了清晰的战略规划和高效实施能力。首先，公司对数据的整合给予了高度重视，确保海量数据能够顺利入库，为后续的数据分析和应用提供坚实基础。同时，实时监控生产现场的视频数据，不仅有助于及时发现问题和隐患，还能为生产过程的优化提供有力支持。在数据整合的基础上，三一重工进一步建立了完善的数据治理体系，并打造了一系列关键工程。通过构建数据治理框架，公司明确了数据管理的职责和流程，确保了数据的准确性和可靠性。同时，通过实施关键工程，如数据清洗、数据挖掘和数据分析等，公司能够更好地利用数据资源，推动业务的发展和创新。通过深入挖掘工业领域的潜在价值和应用场景，公司成功地将数据转化为实际的生产力。例如，在产品设计、生产制造、市场营销等方面，三一重工都充分利用了数据资源，实现了精准决策和高效运营。在技术中台构建方面，主要由三部分组成：基于云原生的容器云、微服务治理平台以及基于DevOps的开源平台。云原生允许新的软件在任何环境中私有化和公有化部署；此外，通过将业务逐步转化为更多的微服务，并结合开源平台快速形成功能组件，可以提高产品软件的质量和开发速度。

综合上述三一重工的数字化转型历程，数字化已渗透到组织的方方面面。传统制造企业在开展数字化转型、数字创新活动时，也应该先把数据存下来，同步将流程打通，当触点一旦打通，数据就会开始有用；比起直接开发软硬件产品，更应该先培养既懂技术又懂业务的专业人才；更好地与外部数字化厂商直接合作，放大效应、加速收益的产生过程。三一重工在数字化转型高级阶段培育了数据处理能力、数字营销能力以及资源整合能力。一是搭建数字中台，妥善处理数字资源；二是构建营销数字系统，营销数字化、智能化，克服需求难以预测环境不确定的弊端；三是整合各方资源，实现资源的灵活运用，提升实际生产力。三一重工在数字化转型高级阶段的数字技术、动态能力与数字创新绩效的关系如图4-6所示。

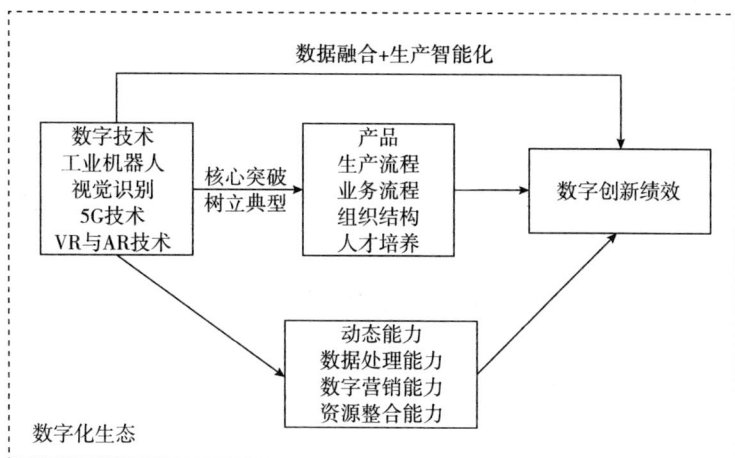

图 4-6 三一重工转型高级阶段数字技术、动态能力与数字创新绩效的关系

第五章　传统制造企业数字创新绩效的形成和保障机制

本书从动态能力理论与数字创新理论出发，对数字技术、动态能力、数字创新绩效与环境动态性的相关研究成果进行梳理总结。在分析变量间关系的基础上提出研究假设，并构建理论模型和结构方程模型（见图3-2）。这些模型图直观地展示了数字技术、动态能力、数字创新绩效以及环境动态性之间的相互作用关系。本书假设数字技术能够正向影响数字创新绩效，同时动态能力对数字创新绩效具有积极的促进作用。此外，本书还考虑了环境动态性对这一过程的调节作用。为了验证这些假设，本书采用了问卷调查的方法，针对传统制造企业发放问卷，收集了大量的样本数据；然后，利用 AMOS 和 SPSS 等统计软件对样本数据进行整理和分析，输出检验结果。这些结果不仅验证了我们的研究假设，还为我们提供了关于数字创新绩效影响机制的深入理解。最后，我们结合具体的传统制造企业案例，进一步探讨了数字创新绩效的影响机制。我们发现，数字技术和动态能力对数字创新绩效的形成机制主要体现在以下几个方面：一是数字技术、动态能力对数字创新绩效的形成机制；二是数字技术、动态能力对数字创新绩效的保障机制。数字技术和动态能力对数字创新绩效的保障机制主要体现在企业对外部环境的敏感度和适应性上。只有当企业能够敏锐地感知环境变化，并快速地调整自身的战略和业务模式时，才能够保持数字创新的持续性和有效性。

第一节 数字技术、动态能力对数字创新绩效的形成机制

一、数字技术对数字创新绩效获取的支撑作用

数字技术的自生长性、融合性、共享性和灵活性等特性使其区别于传统技术，为传统制造企业的数字创新提供了强大的支撑，对企业数字创新绩效的获取起到了正向的促进作用。这些特性使得企业能够更快速地获取创新资源、发现创新机会、适应市场变化并实现可持续发展。

数字技术的自生长性是其区别于许多传统技术的重要特征之一，这种自生长性使数字创新的过程具有持续迭代和相互交互的特点（杨栩等，2024）。数字技术特有的网络属性使资源、信息和服务等被紧密连接和整合在一起，这种网络属性为数字创新的自生长性提供了条件。随着新的数据与算法不断被引入，新的数字技术在网络中传播、被采纳并进一步优化，数字技术的计算与运行能力需要不断提升才能够更好地满足用户需求。这种提升不仅是技术层面的，更是对用户、市场等多个因素的深入理解和把握。在数字技术的世界里，技术、用户、市场等多个因素相互交织、相互影响，形成了一个复杂而庞大的生态系统，起到技术、用户、市场等多个因素之间的相互交互和协同作用，这种迭代过程是自动的、持续的，能够快速地响应市场和技术的变化。同时，数字技术的自生长性使数据价值得到了极大的扩散和释放（惠宁、张林玉，2024）。数据作为数字技术的核心要素，其价值的挖掘和利用对于推动技术创新至关重要。随着数据的共享和使用，新的技术、新的应用、新的商业模式不断涌现，为整个技术链注入了源源不断的创新活力。这种数据价值的扩散不仅加速了新技术的研发和应用，还带动了整个技术链的升级和进步。

数字技术的融合性打破了传统行业的界限，促进了跨行业、跨领域的合作与竞争。企业可以利用数字技术将自身的业务与其他行业进行融合，改变了企业传统的运营模式，创造出全新的商业模式。同时，数字技术与实体经济融合可以提升实体部门的价值创造能力。高融合性的数字技术加快了各生产要素在企业上下游及不同主体间的流动速度，实现生产端、销售端与生产要素的深度融合（刘文俊、彭慧，2023）。融合性的特点使企业需要开放式创新来完成转型，进而形成多主体参与的局面，构建创新生态系统（韩少杰、苏敬勤，2023）。开放式创新意味着企业不仅依靠自身的研发资源进行创新，还积极借助外部资源，如合作伙伴、客户、供应商等，共同进行创新活动。随着数字技术支撑开放式创新的推进，越来越多的主体开始参与到创新活动中来，形成了多主体参与的局面。这些主体包括政府、企业、高校、研究机构、创业者等，他们各自拥有不同的资源和优势，通过合作和协作，共同推动创新生态系统的发展。

数字技术的共享性特点使创新资源能够跨越组织边界，得到更广泛的共享和利用（赵宸宇等，2021）。通过云平台、开源社区等渠道，创新主体可以轻松地获取到各种创新资源，如技术文档、数据集、软件工具等。这种共享性不仅降低了创新成本，还提高了创新效率，使创新活动更加高效和灵活，为全领域、全时空地配置创新资源、提高创新能力提供了新模式和新机会。通过数字技术，创新主体可以更加灵活地配置创新资源，实现资源的优化配置和高效利用。同时，数字技术还为创新主体提供了更加广阔的创新空间，使创新活动不再受地域限制，可以更加自由地展开。共享性为构建一个开放、自由、共享的创新网络提供了强大的支撑。这种网络模式不仅促进了创新资源的广泛流动和高效利用，还推动了数字经济与实体经济的深度融合，进而带动了数据要素、数字技术与其他生产要素的重组，提高了生产要素的配置效率，使企业的价值共创能力提升，推动了产业结构的优化升级。

数字技术的灵活性和深度渗透性显著加速了信息的流通速度，极大地增强了各类创新主体对环境变化的响应能力。无论是市场的动态变化、消费者的需求变动，还是技术的革新进步，数字技术都能帮助创新主体迅速捕捉到这些变化，并作出相应的调整。数字技术不仅能实现创新主体间物流、资金流和信息流的高效集成，更支持了它们之间在信息、知识和技术等创新资源上的实时共享和动态协同合作（赵超，2023）。创新主体间信息、知识和技术等创新资源的实时共享和动态合作，使创新主体可以随时随地获取到所需的信息和知识，与其他创新主体进行交流和合作，共同推动创新的发展。这种实时共享和动态合作的方式，不仅能够加快创新的进程，还能够促进创新主体之间的互相学习和共同进步。新一代数字技术的共享性和高度灵活性极大地突破了传统企业的边界，使资源要素的流通速度在研发和生产过程中显著提升，资源配置得到了优化。这种技术特性增强了企业在资源选择上的多样化能力，同时强化了企业资源的柔性化程度，使其更加适应多变的市场环境和业务需求（李婉红、王帆，2023）。企业可以根据自身的业务需求和市场变化，灵活选择并整合各类资源，包括内部资源和外部资源，形成独特的竞争优势。同时，这种技术特性还强化了企业资源的柔性化程度，使其能够更加灵活地应对市场的变化和业务需求的调整。通过数字化平台，企业可以实时掌握各类资源的供需情况，迅速做出调整和优化，确保生产线的顺畅运行。同时，新一代数字技术还能够实现资源的智能调度和预测性维护，进一步提高资源利用效率，降低运营成本。数字创新的核心在于依托数字技术的灵活性，持续在产品中融入新颖的功能，推动现有产品的重新组合与配置，从而不断催生出新产品与新服务，进而激发并推动企业实现创新发展（王海花、杜梅，2021a）。数字技术的灵活性还推动了现有产品的重新组合与配置。通过对不同功能模块的重新组合，可以产生全新的产品形态和解决方案，为市场带来前所未有的价值。这种组合与配置的灵活性，使企业能够迅速响应市场的变化、抓住新的商机，从而保持竞争优势。数字创新不仅是技术的运用，更是一种战略思维和创新精神的体现。它要求企业充分利用数字技术的灵活性，不断探索和尝试新的创新方式，以满足市场的需求和挑战。只有这样，企业才能在数字时代实现持续的创新发展。

数据连接和整合是实现业务智能化的基础，数字技术通过打通各个信息孤岛，使数据得以连接和整合。这包括企业内部各个部门的数据，以及企业外部的数据，如市场数据、客户数据等，帮助企业进行全面的业务分析和决策。数据的智能化应用可以帮助企业优化现有业务价值链和管理价值链，增收节支、提效避险，实现从业务运营到产品、服务的创新，提升用户体验，构建企业新的竞争优势。通过大数据技术，企业可以对海量数据进行深度挖掘和分析，发现数据中的规律和趋势，为业务决策提供有力的支持。随着业务智能化的推进，企业开始实现数字创新。数字创新不仅是对传统业务模式的优化和升级，更是通过数字技术创造全新的业务模式、产品和服务。数字创新的过程需要企业具备强大的数字能力和创新思维。企业需要不断学习和掌握新的数字技术，将其应用到业务中，推动业务的智能化和数字化。同时，企业还需要具备开放的心态和合作精神，积极与合作伙伴、供应商等共同探索新的业务模式和创新机会。由此可知，数字化转型战略的实施对传统制造企业而言具有深远的影响。数字技术的应用在推动企业发展上扮演着至关重要的角色，它不仅能够实现数字流程创新，提升运营效率，还能推动数字产品创新，为企业带来全新的竞争优势。

数字技术的应用对于传统制造企业而言，无疑是一把锐利的创新之剑，极大地推动了这些企业获取数字流程创新绩效的进程。首先，数字技术通过优化传统制造企业的业务流程，显著提升了企业的运营效率。这种优化不仅体现在减少了人力资本的投入上，更重要的是，数字技术为企业提供了前所未有的数字化资源支持，使企业在生产过程中能够更加精准、高效地控制每一个环节。在数字化转型的过程中，企业需要打破原有的运营模式，将数字技术与企业的日常活动深度融合。这种深度的融合不仅是技术的简单应用，还是对企业运营理念的革新。企业需要重新审视自己的业务流程，找到其中可以优化的环节，并借助数字技术的力量进行改进。这种改变不仅能够提高企业的生产效率，还能够降低生产成本，提升企业的市场竞争力。同时，数字技术的共享性也为传统制造企业带来了极大的便利。在数字化平台上，信息、资源的流动变得更加便捷高效。企业内部的各个部门可以通过共享平台实时获取所需的信息和资源，从而更好地协作、完成工作任务。这种信息的快速流通和资源的有效配置，使企业能够更加灵活地应对市场变化，提高资源的利用效率。对于那些能够认识到数字技术发展前景并积极应用数字技术的传统制造企业来说，他们将有更大的机会优化自身的业务流程，从而赋能创新活动。这些企业可以通过数字技术收集和分析市场数据，了解消费者的需求和偏好，进而开发出更符合市场需求的新产品。同时，这些企业还可以利用数字技术改进生产流程，提高产品质量和生产效率。这些创新活动不仅能够为企业带来更多的利润增长点，还能够提升企业的品牌形象和市场竞争力。

数字技术的应用不局限于流程创新，在数字产品创新方面，数字技术为企业提供了无限的可能性。传统制造企业良好运用数字技术更能推动数字产品创新绩效的开展，把握数据等生产要素为产品开发奠定基石。当前环境背景下，消费者对产品及其附加价值的需求不断变化，迫使传统制造企业运用数字技术创造更大更多的价值，不断加强原有产品基础的同时持续突破极限，创造出符合市场期望的产品与服务（叶丹，2022）。通过利用大数据、人工智能、物联网等先进技术，企业能够深入挖掘用户需求和市场趋势，开发出更加符合消费者需求、具有差异化竞争优势的数字产品。这些数字产品不仅具有更高的附加值，还能够为企业带来更大的市场份额和利润空间。通过集成传感器、智能芯片等物联网设备，企业可以开发出具有智能感知、智能决策和智能执行能力的产品。这些智能化产品能够为用户提供更加便捷、高效和安全的使用体验，提升产品的竞争力和附加值。同时，数字技术打破了传统行业的界限，使不同行业之间的融合成为可能。企业可以通过数字技术实现跨界合作，开发出具有全新功能和用户体验的产品。这种跨界融合能够为企业带来全新的市场机会和竞争优势。此外，传统制造企业也可以运用数字技术实现资源的共享化、透明化，克服先天组织资源和能力不足的困境，及时整合协调所需的资源对企业的产品创新活动提供支持。因此，熟练应用数字技术开发新产品、新服务的传统制造业企业更容易获取数字产品创新绩效。

二、动态能力对数字创新绩效获取的促进作用

1. 在传统制造业中动态能力对数字创新绩效获取起到促进作用

拥有动态能力的传统制造企业可通过敏锐地识别和有效利用市场机会，并结合资源的灵活重构，动态能力的不断演化能够推动创新资源的精准配置，显著提升企业的创新效率，并与数字技术相结合实现产品创新与流程创新数字化，进而促进数字创新绩效的提升。

动态能力不仅帮助企业降低成本，还通过实现产品或服务的差异化，使其在市场中脱颖而出。动态能力的这种作用，对于企业而言，是向更高价值链层级迈进的关键驱动力，有助于企业实现价值链的全面升级和竞争优势的持续增强（文艺等，2023）。动态能力的演化使企业能够迅速捕捉并评估市场中的潜在机会。这种感知变化与识别机会的能力有助于企业准确定位数字创新的发展方向。数字创新不仅是技术层面的创新，更是商业模式、组织结构、运营方式等多方面的创新。企业需要结合自身的实际情况和市场环境，明确数字创新的目标和重点，并在创新过程中不断调整和优化策略，以确保创新的成功实施。这些机会可能来自技术革新、消费者需求的变化、政策导向的调整，或者是竞争对手的策略变动。企业通过对市场动态的持续监控和分析，能够准确判断哪些机会符合其发展战略，值得投入资源进行探索和开发。一旦识别到有价值的市场机会，动态能力便促使企业根据这些机会对内部资源进行重新配置。这包括资金、人力、技术、信息等各个方面。企业会根据机会的特点和自身的资源优势，进行有针对性的资源投入和整合，以确保创新活动的顺利进行。这种资源的灵活配置，不仅能够提高资源的利用效率，还能够为企业创造更多的价值。随着动态能力的不断演化，企业在创新资源的配置上也会更加精准和高效。这种精准的配置不仅体现在资源的数量上，更体现在资源的品质和结构上。企业会根据创新活动的不同阶段和需求，合理调配不同类型的资源，确保创新活动的顺利进行。同时，企业还会通过优化资源结构，提高资源的协同效应，进一步增强创新活动的竞争力。最终，动态能力的演化将帮助企业提

高创新效率，取得相对于竞争对手的成本优势和差异化优势。通过对创新资源的合理配置和高效利用，企业能够开发出更具竞争力的产品或服务，满足市场的多样化需求，实现数字产品创新与数字流程创新。同时，企业还能够降低生产成本，提高生产效率，从而在市场竞争中占据有利地位。这种优势不仅有利于企业实现短期的利润增长，还有利于企业实现长期的可持续发展和价值链的全面升级。

当企业拥有了动态能力，它不仅能够有效协调并充分利用现有的资源，更能根据市场环境的快速变化，灵活地进行新的资源组合和配置（蔡晓龙，2021）。这种能力使企业能够在动态的市场竞争中迅速适应、持续创新，从而保持其优势地位。无论是面对新技术的崛起、消费者偏好的变化，还是竞争对手的策略调整，企业都能通过动态能力的运用，及时调整自身策略，确保在激烈的市场竞争中立于不败之地。在动态的市场环境中，企业可以利用动态能力迅速识别出有价值的资源，并通过创新的组合和配置方式，优化创新流程，提高创新活动的效率和效果。通过灵活配置资源、优化创新团队结构等方式，企业能够更快地推出具有竞争力的数字产品和流程。当新的技术出现时，企业可以迅速评估其潜在价值，并调整研发策略，将新技术与现有资源相结合，开发出更具竞争力的产品或服务。同样，在面对消费者需求的变化时，企业也可以利用动态能力快速调整产品策略和市场策略，以满足消费者的新需求，并巩固市场份额。此外，动态能力还能够帮助企业在面对竞争对手的策略调整时迅速做出反应。通过深入分析竞争对手的行为和意图，企业可以制定针对性的策略，以应对竞争对手的挑战，并保持自身的竞争优势。这种能力使企业能够在激烈的竞争中保持领先地位，实现可持续发展。

动态能力赋予企业快速适应市场变化的能力。它使企业能够迅速感知市场脉搏，不断捕获并吸收新的知识和信息作为宝贵的资源。这种能力不仅促进了企业资源的有效整合与灵活再配置，还推动了当前产品组合的更新与服务流程的优化。通过持续的创新与改进，动态能力成为支持新企业持续成长和竞争优势构建的强大动力（李非、祝振铎，2014）。动态能力赋予企业一种快速而敏锐的洞察力，使企业能够实时感知市场的微妙变化。无论是消费者需求的变化、技术创新的涌现，还是竞争对手策略的调整，企业都能够通过动态能力迅速捕捉这些变化，并做出相应的反应。在感知到市场变化后，动态能力进一步促使企业积极获取和消化新的知识和信息。这些新知识和信息是企业宝贵的资源，它们不仅能够帮助企业更好地理解市场动态，还能够为企业带来新的发展思路和商业机会。通过不断学习和积累，企业能够将这些新的知识和信息转化为实际的生产力和竞争优势。在获取和消化了新的知识和信息后，动态能力促进了企业资源的整合与再配置。随着资源的整合与再配置，企业能够更新并优化当前的产品组合或服务流程。通过引入新的技术、材料或设计理念，企业能够开发出更加符合市场需求和消费者期望的新产品；同时，通过改进服务流程和提高服务质量，企业能够更好地满足客户的个性化需求，提升客户满意度和忠诚度。最终，动态能力通过快速感知市场变化、获取并消化新的知识和信息、促进资源整合与再配置以及更新优化产品组合或服务流程，为新企业的成长提供了强有力的支持。这种能力使新企业能够在竞争激烈的市场中迅速崛起，并建立起独特的竞争优势。对于已经成熟的企业而言，动态能力同样重要，它能够帮助企业保持持续的创新和活力，实现可持续发展。

2. 动态能力部分中介数字技术对数字流程创新绩效和数字产品创新绩效的正向影响作用

一方面，动态能力部分中介了数字技术对数字流程创新绩效的正向影响作用。本书以外部动态能力和内部动态能力两个方面来考察是否存在中介效应。从外部来看，第一，在数字经济时代，通过数字技术构建外部动态能力的企业，可以更加敏锐地识别外部环境的变化，引导企业在多变的环境下及时调整业务活动方向。动态能力理论中的"感知、捕获、重新配置"分析逻辑为制造企业通过数字能力赋能产品创新绩效提供了清晰的路径（张振刚等，2023）。首先，制造企业利用数字技术感知并获取广泛的市场信息，包括消费者需求、市场趋势和竞争对手动态，为创新提供数据支撑。其次，通过对这些数据的深入挖掘和分析，制造企业能够准确捕获市场中的潜在机会，明确产品创新的方向和目标。在捕获到市场机会后，企业迅速重新配置研发与制造资源，调整研发策略、优化生产流程，以快速响应市场需求，推出具有竞争力的新产品。这一过程不仅提升了产品创新的速度和质量，还增强了企业的市场适应能力和竞争优势，为企业的可持续发展注入了新的活力。第二，拥有外部动态能力的企业可以捕获行业环境与市场环境中的发展机遇，融合数字技术与能力、把握发展机遇，从而得到更高的数字流程创新绩效。第三，外部动态能力能够帮助企业进行技术、资源等重构，不断调整组织结构，加强数字技术的应用，更有助于为企业数字流程创新提供组织支持。从企业内部的角度来看，构建并依赖数字技术来培养动态能力的企业将知识的获取与吸收置于战略核心地位。这样的企业深知，在数字化时代，知识是推动企业持续创新和保持竞争力的关键驱动力。企业重视知识的获取与吸收，通过建立完善的知识管理系统，不断收集、整理和分析来自市场、客户、竞争对手和行业内的最新信息，以获取有价值的知识资源。拥有内部动态能力的企业注重将知识与资源进行整合。它们通过构建灵活的资源调配机制，确保创新活动得到足够的资源支持。同时，企业还积极寻求外部合作伙伴，利用外部资源来弥补自身的不足，共同推动数字流程创新的实施。这种资源整合的能力不仅提高了创新活动的效率和效果，还为企业带来了更多的创新机会和竞争优势。企业通过搭建创新平台、设立创新基金等方式，为员工提供充分的创新空间和资源支持（张林刚等，2022）。同时，拥有内部动态能力的企业能够激励员工自发地进行数字流程创新，通过建立完善的创新激励机制，对员工的创新成果给予充分的认可和奖励，从而激发员工的创新热情和积极性。在这种创新氛围的熏陶下，员工能够充分发挥自己的创造力和想象力，不断推动数字流程创新的发展和进步。

另一方面，动态能力在数字技术对数字产品创新绩效的影响中发挥部分中介效应。动态能力在企业中的应用不仅体现在内部资源的优化配置上，还涉及企业与外部环境之间的互动和响应。首先，从外部视角来看，企业具备强大的外部动态能力意味着它们能够敏锐地感知到市场的细微变化，并快速做出反应。这种能力使企业能够精准地捕捉到客户对产品创新的需求，进而利用数字技术开展符合这些需求的产品服务开发活动。在数字化时代，市场环境日新月异，客户需求也在不断变化。企业通过不断地收集和分析市场数据，能够实时掌握市场动态，预测未来趋势，并据此调整产品策略和服务方向。这种对环境的敏感性和适应性是外部动态能力的核心体现。其次，在竞争激烈的市场中，只有深入了解客户需求并满足其期望，企业才能在市场中立于不败之地。具备外部动态能力的企业能够通过多渠道获取客户信息，运用大数据和人工智能等先进技术进行数据分析，从而精准地识别客户的痛点、需求和期望。基于这些信息，企业可以开展有针对性的产品服务开发活动，提高产品的市场竞争力和客户满意度。此外，在数字化时代，外部资源和技术资源的获取和利用对企业的发展至关重要。具备外部动态能力的企业能够积极寻求与供应商、合作伙伴、科研机构等外部实体的合作，共享资源和技术，实现优势互补。通过有效地管理这些外部资源和技术资源，企业能够加速产品开发和上市速度，提高产品质量和技术含量，从而增强企业的市场竞争力。从内部视角来看，内部动态能力对于传统制造企业的数字产品创新活动同样具有重要意义。通过不断地吸收和内化新知识、新技术和新思想，企业能够弥补自身在资源和能力方面的不足，提升内部员工的创造力和创新能力。这种内部动态能力不仅有助于企业开发出更加符合市场需求的产品和服务，还能够增强企业的灵活性和适应性，使其在数字化时代中保持领先地位。同时，内部动态能力还能够整合数字技术资源与其他组织资源进行价值再创造。在数字化环境下，数字技术已经成为企业创新的重要驱动力。具备内部动态能力的企业能够充分利用数字技术资源，结合自身的组织资源如人才、资金、设备等，开展跨部门的协作和创新活动。通过整合这些资源并进行价值再创造，企业能够开发出更加具有竞争力和符合市场预期的产品或服务，为企业创造更大的价值。

三、环境动态性对数字创新绩效获取的调节作用

1. 环境动态性对传统制造企业数字技术与数字流程创新绩效间的关系起正向调节效应，不影响数字技术对数字产品创新绩效的正向影响

基于先前的研究和深入分析不难发现，在环境动态性水平较高的情况下，传统制造企业对于数字技术的依赖和对数字流程创新绩效的推动作用得到了显著增强。这种增强的效果源于一个充满变化、不断波动的外部环境，其中技术迭代的速度和消费者需求的不可预测性日益加剧。在这样的情境下，企业不得不时刻保持警觉，实时监测内外部环境的细微变化，并迅速做出反应。这是因为，在高度动态的环境中，企业的反应时间往往成为应对危机的关键。为应对环境变化复杂动态带来的挑战，同时适应技术发展和多变的消费者需求，高效的数字技术应用与数字创新活动开展成为传统制造企业解决矛盾的关键之策（叶丹，2022）。

在数字化环境中，越来越多的经济体开始利用数字技术来转变企业的产品、结构和自动化等流程。这种转变不仅提高了企业的运营效率，还促进了数字流程创新的发展。高度的环境动态性作为重要的推动力，进一步激发了传统制造企业的创新活力。在这样的环境下，企业更加倾向于使用数字技术开展创新活动，通过不断尝试和探索来寻找新的增长点和发展机会。然而，当环境变得更加动荡和复杂时，数字技术对数字产品创新绩效的正向影响并未如预期那样得到显著的促进。这一现象可能是由于以下几个原因导致的：首先，获取数字产品创新绩效往往是一个长期且需要持续投入的过程。数字技术的融入和应用，尤其是在传统制造业中，目前还处于初级探索阶段。许多企业可能只是利用数字技术进行了简单的产品优化或创新尝试，而没有深入到核心的业务流程和产品设计之中。这种表面的、初步的数字应用难以在高度动态的环境下产生显著的、持续的创新绩效。其次，数字技术的应用和发展需要时间的积累和实践的检验。尽管数字技术为传统制造业带来了无限的可能性，但要将这些技术有效地转化为实际的产品创新力，还需要企业在技术研发、人才培养、组织架构等方面做出

大量的投入和调整。然而，在动荡复杂的环境下，企业可能面临资金短缺、人才流失等挑战，从而限制了其对数字技术的深入应用和创新。此外，新冠疫情的影响也是不可忽视的因素。在新冠疫情期间，市场环境的不确定性持续加大，消费者对产品的需求也变得更加多变和难以预测。这种不确定性使客户及利益相关者对产品开发和服务优化持谨慎怀疑态度，他们可能更倾向于选择保守和稳定的策略，而不是冒险尝试新的技术和产品，这无疑增加了企业提升数字产品创新绩效的难度。

综上所述，环境动态性对数字产品创新绩效的调节效应并不明显，这既与数字技术在传统制造业的初级应用阶段有关，也与疫情带来的市场环境不确定性有关。面对这种情况，企业需要更加深入地研究和探索数字技术的应用和创新路径，同时加强风险管理和危机应对能力，以应对动荡复杂的环境带来的挑战。

2. 环境动态性正向增加了动态能力在数字技术与数字创新绩效关系中的中介效应

由前文研究可知，在数字技术与数字创新绩效的关系中，动态能力起到了关键的中介作用。具体来说，动态能力强的企业能够更好地利用数字技术来推动创新活动，提高创新绩效。这是因为动态能力强的企业能够更快地识别市场需求和技术趋势，更准确地评估创新项目的潜在价值，更有效地配置资源来支持创新项目的实施，并通过持续的学习和改进来不断提升创新能力和效率。因此，在环境动态性高的情况下，动态能力的中介效应会更加显著。这是因为环境的不确定性和变化性增加了企业面临的风险和挑战，而动态能力强的企业能够更好地应对这些挑战，通过数字技术来推动创新活动，实现创新绩效的提升。

数字技术的迅猛发展为企业带来了前所未有的机会。它不仅提供了更多获取市场信息和客户需求的渠道，帮助企业更精准地把握市场脉搏，还为企业提供了更多的创新机会。然而，在环境动态性高的情境下，仅仅拥有数字技术是不够的。企业还需要具备强大的动态能力，才能有效地识别和把握这些机会，并将其转化为实际的创新成果。这种动态能力涉及多个方面，如对市场变化的敏锐感知、快速响应能力，以及资源的有效调配等。这些能力使企业能够在竞争激烈的市场环境中保持竞争优势、抓住机遇，实现持续发展。

数字经济背景下，数字技术的自生长性使其发展速度迅速，同时也使企业所处的外部技术环境更加易变和不可预测（Yoo et al.，2012）。在高度复杂的动态环境中，企业构建适合自身的动态能力有助于其快速响应外部环境变化，并开展技术创新活动。

在当今快速变化且充满不确定性的商业环境中，传统制造企业正面临着前所未有的挑战。这种变幻莫测的外部环境不仅要求企业能够快速适应新的市场趋势和消费者需求，还需要在技术革新、管理方式和商业模式上实现质的飞跃。在这样的背景下，数字技术与内部动态能力、外部动态能力的融合发展显得尤为重要。数字技术的迅速发展和广泛应用为传统制造企业提供了前所未有的机遇。通过引入先进的数字技术，企业能够实现对生产流程、供应链管理、市场营销等各个环节的精准控制和优化，从而提高生产效率、降低成本，并提升产品质量。同时，数字技术还能够帮助企业收集和分析大量的市场数据，为决策提供有力的数据支持，使企业的决策更加科学、合理。企业需要具备强大的内部动态能力，以应对外部环境的变化。内部动态能力包括企业的组织学习能力、创新能力、适应能力等，这些能力能够使企业在面对市场变化时迅速调整战略和策略，保持竞争优势。在数字技术的支持下，企业可以更加高效地整合内部资源，推动创新活动的开展，实现产品和服务的升级换代。同时，企业还需要与外部环境保持紧密的联系，积极寻求外部动态能力的支持。外部动态能力主要来自企业的合作伙伴、供应商、客户等，这些外部资源能够为企业提供更多的创新机会和市场信息。通过与这些外部资源的合作，企业可以获取更多的技术和市场支持，实现技术的快速迭代和市场的快速拓展。数字技术与内部动态能力、外部动态能力的融合发展，有利于创新活动的开展及数字创新绩效的获取。通过整合内外部资源，企业可以更加高效地进行创新活动，推动新技术、新产品的开发和推广。同时，这种融合还能够提高企业的运营效率和市场响应速度。此外，数字技术的应用还能够提升企业的客户满意度和忠诚度，扩大企业的品牌影响力，为企业的长期发展奠定坚实的基础。

对于传统制造企业来说，无论是进行数字流程创新抑或是数字产品创新都离不开对环境动态性的考虑。随着数字经济的蓬勃发展，环境动态性逐渐增强，传统制造企业所处环境更加复杂多变，生存面临重重困境，动态能力作为灵活应对复杂环境的一种能力，能够帮助企业有效利用数字技术并整合资源进行数字创新活动（Konlechner et al.，2018）。动态能力强的企业能够充分发挥数字技术的潜力，推动创新活动，提高数字创新绩效。它们能够迅速响应市场变化，灵活调整产品策略和技术方案，以满足客户的多样化需求。同时，这些企业还能够通过有效的资源整合和配置，实现创新成果的快速商业化，从而在市场中占据有利地位。动态能力强的企业在数字创新领域展现出卓越的优势。它们凭借对市场变化的敏锐感知和快速响应能力，能够迅速捕捉到行业趋势和客户需求的变化，从而灵活调整产品策略和技术方案，以满足市场的多样化需求。这种高效的响应速度使企业在激烈的市场竞争中保持领先地位。同时，这些企业还善于利用数字技术，进行产品研发和技术创新，通过不断创新开发出具有竞争力的新产品。更重要的是，它们通过有效的资源整合和配置，实现了创新成果的快速商业化，进一步增强了企业的市场竞争力。此外，动态能力强的企业还以客户为中心，深入了解客户需求，提供个性化的产品和服务，从而提升了客户满意度和忠诚度，为企业赢得了更多的市场份额和竞争优势。传统制造企业需要密切关注动态环境，通过对数字技术的应用，构建自身动态能力进而匹配市场变化方向。因此，动荡复杂的环境能够驱动传统制造企业跟随数字经济浪潮，把握数字技术的机遇构建动态能力从而开展数字创新活动，打造独特的竞争优势。

经过前文分析，本节绘制了数字技术、动态能力对数字创新绩效的形成机制如图 5-1 所示，形成机制由三部分组成：数字技术对数字创新绩效获取的支撑作用、动态能力对数字创新绩效获取的促进作用以及环境动态性对数字创新绩效获取的调节作用，三部分共同促进了传统制造企业数字创新绩效的获取。

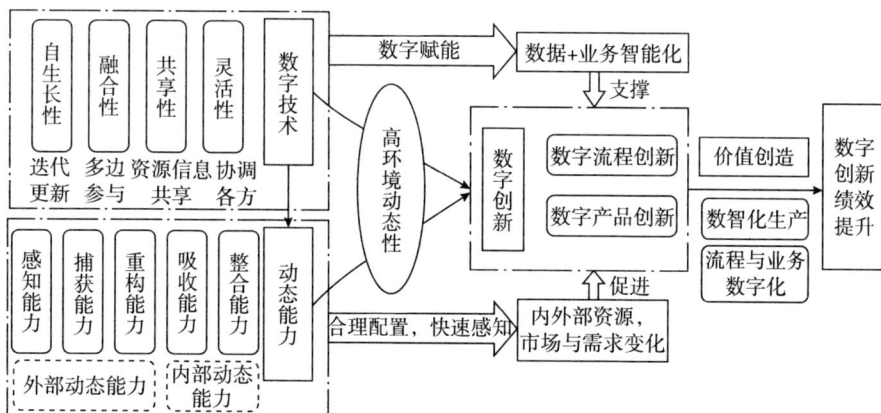

图 5-1 数字技术、动态能力对数字创新绩效的形成机制

第二节 数字技术、动态能力对数字创新
绩效的保障机制

在探讨传统制造企业如何通过数字技术和动态能力来提升其数字创新绩效的保障机制时，可以从"创新生态下数据、业务智能化""数字生态下创新协同化"这两个方面进行深入拓展。

一、创新生态下数据、业务智能化

数字化转型正引领全社会产业迎来一场革命性的变革。这种变革的浪潮并不仅限于互联网等新兴产业，而是深入到了以制造业为代表的传统产业之中。各行各业正加速推进业务数据化、数据业务化以及业务智能化的进程，以加快企业的数字化、网络化和智能化升级。这不仅是一场技术上的革新，更是一场深刻的产业革命。

（一）业务数据化

业务数据化是将传统制造企业的业务流程和运营活动转化为可量化、可分析的数据的过程。这通常包括数据的收集、整理、存储和传输等环节。通过引入各种传感器、自动化设备和信息系统，企业可以实时获取生产、销售、库存等各个环节的数据。实现业务数据化是制造企业数字化转型战略不可或缺的基础。在当今这个数据驱动的时代，企业的业务活动不再仅仅是线下操作的简单堆砌，而是需要被数字化、量化，并通过数据的方式进行存储和管理。这一过程的核心在于将传统、非结构化的业务信息转化为可分析、可处理的数据，从而为企业提供更全面、更深入的业务洞察。业务数据化不仅是简单的数据收集，更重要的是对业务活动的全面、准确、实时地记录。这要求企业建立完善的数据收集系统，确保每一个业务环节、每一次交易、每一项决策都能被准确地转化为数据。同时，企业还需要对数据进行标准化处理，确保数据的一致性和可比性，为后续的数据分析提供坚实的基础。在数据化的基础上，企业通过对数据进行规范化、条理化的管理，对数据进行治理，进而建立起一套完整的数据管理体系，为传统制造企业数字创新提供强有力的数据支撑。这个业务数据化的过程可以帮助企业全面了解业务状况，发现业务中存在的问题和机会，为决策提供科学依据。通过数据分析和挖掘，企业可以发现隐藏在数据背后的规律和价值，推动业务创新和发展。因此，实现业务数据化是制造企业数字化转型的必经之路。企业需要充分认识到数据在数字化转型中的核心地位，加强数据收集、处理和分析的能力建设，建立起完善的数据管理体系，为企业数字化转型与数字创新提供坚实的基础。

在这个过程中，数字技术如人工智能、机器学习等应用于业务流程，实现其自动化和智能化。通过自动化处理重复性和烦琐的任务，企业可以释放员工的生产力，使其能够专注于更具创造性和价值的工作。同时，智能化技术还可以根据历史数据预测未来趋势，为企业的决策提供有力支持。数字技术的使用可以使企业在数字创新的过程中实现生产流程与业务流程的透明化与标准化，这对于提高企业的运营效率、降低成本以及增强竞争力至关重要。通过在生产线上安装传感器和物联网设备，企业可以实时监控生产过程中的各项数据，如设备状态、生产进度、产品质量等。这些数据经过收集和分析后，可以为企业提供关于生产流程的深入洞察，使生产流程变得透明可见。管理层和工人利用数字化工具和平台，可以直观地了解收集到的生产数据，这些数据以图表、图像等形式进行可视化展示，使企业能够及时发现生产中的问题和瓶颈。通过数字化工具和平台，企业可以对自身的业务流程进行建模和梳理。这有助于企业清晰地了解各个业务环节之间的关系和依赖，为业务流程的标准化奠定基础。除此之外，企业可以利用数字技术创建标准化的业务流程模板和指南。这些模板和指南可以确保员工在执行业务流程时遵循统一的标准和规范，减少人为错误和偏差。数字技术还使企业可以持续收集和分析业务流程的数据，从而发现潜在的问题和改进点。通过不断地优化和改进，企业可以不断提高业务流程的效率和效果，实现业务流程的持续优化。数字技术的使用可以使企业在数字创新的过程中实现生产流程与业务流程的透明化与标准化。这不仅有助于提高企业的运营效率和降低成本，还能够增强企业的竞争力和应对市场变化的能力。

通过数字化手段，信息化技术如供应链管理（SCM）系统可以帮助企业实现供应链的实时监控和管理，更好地协调供应商、生产商、分销商等各方资源，提高供应链的效率和响应速度，实现供应链管理的优化。在企业研发新产品的过程中，数字化技术如云计算、人工智能等可以为企业的研发和创新提供强大的技术支持，将其与企业业务流程相结合可以帮助企业整合研发资源，按照企业内部流程现状来对资源进行针对性运用，优先研发市场潜力大、产品价值高的产品。同时，数字化技术的应用也对企业培养相关数字人才的培养提出了要求。不同于传统制造企业的人才要求，业务数据化要求企业上下都树立起数字化意识。数字技术的应用与数字产品与流程的创新不再仅仅是 IT 部门的事情，而是全组织的共同任务。数字技术已经渗透到组织的各个层面和业务流程中。从市场营销、客户服务到产品研发、供应链管理，数字技术都在发挥着越来越重要的作用。因此，仅仅依靠 IT 部门来推动数字技术的应用和创新已经无法满足组织的需求，需要跨部门的协作和配合。企业通过提供针对不同岗位和层级的数字化培训课程，包括基础数字技术知识、数字化工具应用、数字化转型案例等，鼓励不同部门之间的合作和交流，共同推动数字化项目的实施。通过跨部门合作项目，鼓励员工在日常工作中运用数字化工具和思维，让员工认识到数字化在协同工作中的作用和价值。

（二）数据业务化

数据业务化是一种通过数字平台推动业务创新的过程，旨在构建新型业务数据网络，实现业务流程的变革、融合，并催生出新的协同场景和需求。在此过程中，技术和智能的能力被更广泛地运用和依赖，从而进一步凸显数据要素的核心价值和重要性。在制造企业中，数据业务化程度的高低、数据的易获取性和精确性直接影响着数字技术在具体应用场景下的实施效果。企业的各类业务流程和运营环节正是数字技术发挥作用的广阔舞台。为了将数据转化为业务增长的动力，即实现数据赋能，这一过程必须紧密结合实际应用场景，确保技术与业务需求的精准匹配，实现数据业务化（张培、董珂隽，2023）。

在当今快速发展的数字化时代，业务数据化程度、数据可获得性和数据准确性的高低不再是孤立的概念，它们与数字技术的应用场景之间存在一种相互依存、相互促进的紧密关系。特别是在制造企业中，这种关系尤为显著，因为制造企业的各类业务场景正是数字技术的核心应用场景。首先，数据业务化程度的高低直接决定了制造企业能否有效利用数字技术来推动业务的发展。其次，数据的可获得性对于数字技术的应用至关重要。在制造企业中，数据往往分散在各个业务环节和部门中，如果不能有效地获取和整合这些数据，数字技术的应用将无从谈起。因此，企业需要通过建立统一的数据平台、完善的数据管理制度等手段来提高数据的可获得性，确保数字技术能够顺利地应用于各个业务场景。此外，数据的准确性也是影响数字技术应用效果的关键因素。不准确的数据不仅无法为企业带来有价值的信息，还可能误导企业的决策，造成不必要的损失。因此，在数据收集、处理和分析的过程中，制造企业需要注重数据的准确性和可靠性，确保数字技术的应用能够基于准确的数据进行。最后，数据赋能的实现必须依附于具体的应用场景、结合具体的业务流程来发挥作用。在制造企业中，各种业务场景如生产、销售、供应链管理等都是数字技术的应用场景。企业需要根据不同的应用场景选择适合的数字技术，将数据转化为有价值的信息，从而推动业务的发展。这种技术与业务的匹配度越高，数据赋能的效果就越显著。

业务数据化向数据业务化的转变往往发生在数字化转型的初级阶段，这一阶段企业要不断健全自身的数字基础设施建设，培养企业内部的数字创新氛围与意识。结合前文案例可知，传统制造企业数字化过程中均会建立数字中台，这使员工的创新能动性充分释放，通过数据业务化的过程深度参与并驱动企业产品创新、业务创新和组织创新等多个层面。数据中台作为一个集成、整合并处理海量数据的核心平台，为企业提供了强大的数据分析和应用能力，使员工可以基于数据洞察来优化现有产品或服务，甚至创造出全新的产品。在产品创新方面，员工可以利用数据中台提供的数据分析工具，深入理解用户需求和行为模式，从而设计出更符合市场趋势和用户喜好的产品。在业务创新上，数据中台可以揭示出业务运营中的瓶颈和机会点，员工可以基于这些洞察来优化业务流程，开拓新的市场领域，或推出更具竞争力的业务模式。而在组织创新方面，数据中台则推动了企业向更加扁平化、灵活化和智能化的方向转变。通过数据共享和协同工作，不同部门和团队之间的信息壁垒被打破，员工可以更加高效地沟通和协作，共同解决复杂问题。同时，数据中台也为企业提供了数据驱动的决策支持，使企业能够更快速地响应市场变化，灵活调整战略方向。总之，数据中台为企业带来了前所未有的创新机会和商业模式变革。通过发挥员工的能动性，积极参与数据业务化过程，企业可以不断推动产品创新、业务创新和组织创新，将数据中台转化为企业持续数字创新的强大引擎。

（三）数据、业务智能化

在创新生态中，传统制造企业首先需要实现数据的集成与标准化。这意味着企业需要建立一个统一的数据平台，将来自各个业务单元、生产环节和供应链的数据进行集中管理，确保数据的一致性和准确性。同时，企业还需要制定数据标准，以便在整个生态系统中实现数据的顺畅流通和共享。在数据分析的基础上，传统制造企业需要开发智能化的应用和服务，以满足市场和消费者的需求。例如，企业可以开发智能生产系统，实现生产过程的自动化和智能化；开发智能客服系统，提高客户服务的质量和效率；开发智能推荐系统，为消费者提供个性化的购物体验等。在数据、业务智能化的过程中，传统制造企业还需要关注数据安全和隐私保护问题。企业需要建立完善的数据安全体系，确保数据的完整性和保密性；同时，还需要遵守相关法律法规，保护消费者的隐私权益。

要实现从业务数据化到数据业务化，进而达到业务智能化的转变，关键建立以数据为基石的支撑体系，并以先进的模型和智能化算法为核心驱动力。这一转变旨在实现数据的高质量互联互通，进行深度的信息挖掘与分析，从而极大地提升数据的内在价值，驱动业务决策更加精准、高效（张新，2023）。在创新生态中，数据被视为一种重要的资产。数据业务智能化的核心在于对数据的深度分析和挖掘。传统制造企业需要利用先进的数据分析工具和技术，从海量数据中提取有价值的信息，发现市场趋势、消费者需求以及潜在的商业机会。此外，企业还可以利用机器学习、人工智能等技术对数据进行预测性分析，为未来的业务决策提供有力支持。为了实现数据业务的智能化，首先，需要对企业内部的全部数据进行整合和优化，包括非结构化数据，以达到服务智能化应用的标准。这包括建设基于实时数据流的数据资产服务目录，形成面向各领域的数据资产。数据质量是数据业务智能化的关键。为了确保数据的准确性和可靠性，需要制定溯源数据质量管理制度、标准及管理政策，并定期推进相关数据质量的诊断和治理。这有助于确保数据在业务决策中的有效性和可信度。在创新生态中，数据服务是连接数据资产和业务需求的重要桥梁。其次，需要形成完善的数据安全、脱敏、共享机制，并具备体系化的数据共享接口。这有助于确保数据使用的流畅高效，促进不同创新主体之间的数据共享和合作。最后，需要构建符合智能化应用需求的大数据平台和数据湖。这些平台需要具备对海量数据的存储、计算及处理能力，以支持各种智能化应用的需求。

数字技术、动态能力助力企业形成创新生态，进而帮助企业实现数字产品创新与数字流程创新，反馈过来帮助传统制造企业实现数据业务智能化。在创新生态下，数据业务智能化的实现需要多方参与者的共同努力和协作。企业、投资者、创业者、学术机构和政府等各方参与者可以通过协同创新、资源共享、合作共赢等方式，共同推动数据业务智能化的发展。

首先，数字技术的快速发展为传统制造企业带来了全新的变革机遇。通过应用大数据、人工智能、云计算等先进技术，企业能够更精准地收集、处理和分析数据，洞察市场趋势、优化产品设计、提升生产效率。数字技术还能够帮助企业实现生产过程的自动化和智能化，减少人工干预，提高生产效率和产品质量。这些变革不仅提高了企业的竞争力，也为消费者带来了更优质的产品和服务。然而，要实现数据业务的智能化，企业仅凭自身的力量是远远不够的。这就需要构建一个由多方参与者共同推动的创新生态。在这个生态中，企业作为核心参与者，需要积极拥抱数字化，提升自身的动态能力。动态能力是指企业在不断变化的市场环境中，迅速调整自身资源、能力和战略，以适应新挑战和抓住新机遇的能力。通过不断学习和创新，企业能够迅速响应市场变化，开发出符合市场需求的新产品和新服务。除了企业之外，投资者、创业者、学术机构和政府等也是创新生态中不可或缺的力量。投资者和创业者通过提供资金支持和创新动力，为数据业务的智能化提供了重要的推动力量。他们通过投资新技术、新应用和新模式，帮助企业快速实现技术创新和市场扩张。学术机构则为数据业务的智能化提供了坚实的理论支撑和人才保障。他们通过研究和开发新技术、新方法，为企业提供了强大的技术支持。同时，学术机构也积极培养具有数据分析和处理能力的专业人才，为企业输送了宝贵的人才资源。政府在推动数据业务智能化方面也发挥着至关重要的作用。他们通过制定相关法律法规、推动基础设施建设、优化营商环境等方式，为企业提供了良好的发展环境。政府的支持不仅有助于降低企业的创新成本，还有助于提高整个社会的数字化水平。此外，政府还积极推动产学研合作，促进技术创新成果的转化和应用，为企业提供了更多的创新资源和机会。在这个创新生态中，各方参与者通过紧密合作、资源共享和合作共赢，共同推动数据业务的智能化发展。他们共同面对市场挑战和机遇，共同承担风险和成本，共同分享创新成果和利益。这种合作模式有助于形成强大的合力，推动整个行业的进步和发展。总之，数字技术、动态能力以及创新生态的协同作用正在推动传统制造企业实现数据业务的智能化。在这个过程中，企业、投资者、创业者、学术机构和政府等各方参与者都发挥着不可或缺的作用。他们通过紧密合作、资源共享和合作共赢，共同推动数据业务的智能化发展，为经济的可持续发展注入新动力。

业务数据化使企业传统的业务流程和操作能够被量化，便于分析和管理。数据业务化让企业开始将数据视为核心资产，深入挖掘数据中的价值，以支持决策制定和业务运营。在这一基础上，数据、业务智能化的推进让企业能够运用先进的数字技术来优化和改造业务流程，实现更高效、智能和灵活的管理。

这种全面的数字创新为企业带来了显著的优势。生产效率得到了大幅提升，成本得到了有效降低，客户体验得到了显著改善。这些优势不仅提升了企业的创新绩效，也为企业赢得了市场的认可和客户的信任。更重要的是，数字创新还为企业开辟了新的市场领域，帮助企业发现和开发新的客户群体，创造新的收入来源。这些新的增长点将进一步增强企业的竞争力和市场地位，为企业带来更大的商业价值和持续的发展动力。然而，实现这一转变并非易事。它需要企业充分利用数字技术的力量，同时也需要培养内外部的动态能力。这意味着企业需要具备敏锐的市场洞察力、快速的学习能力和强大的创新能力，以便在变幻莫测的市场环境中保持竞争优势。

　　总之，传统制造企业要实现从数据业务化、业务数据化到数据、业务智能化的转变，需要经历一个复杂而漫长的过程。但只要企业能够充分利用数字技术的力量，并不断提升自身的动态能力，就一定能够实现数字创新，提升创新绩效，从而在激烈的市场竞争中立于不败之地。

二、数字生态下创新协同化

　　在高度动态的市场环境中，企业面临着前所未有的挑战。市场需求的快速变化如同潮水般汹涌而来，新技术的不断涌现为企业带来了前所未有的机遇，同时也伴随潜在的风险。竞争对手的策略调整犹如一场没有硝烟的战争，政策法规的变动更是让企业需要在不断变化的政策框架中寻找稳定的发展空间。这些复杂多变的因素交织在一起，使企业可能遭遇技术瓶颈和研发难题，而数字化正是解决这些问题的关键所在。数字化技术为企业提供了高效、精准、复制性强的信息处理手段，使企业能够迅速捕捉市场动态和客户需求。在海量数据中，企业能够发现隐藏的市场趋势和消费者偏好，从而更加精准地制定产品策略和市场战略。这种能力不仅增强了企业的市场敏感度，也为企业带来了宝贵的竞争优势。为了应对市场变化、突破技术瓶颈、实现资源共享和增强抗风险能力，企业需要在数字化基础上进行协同创新。这种创新模式强调企业间的深度合作和资源共享，通过共同研发、共享技术和市场资源，实现优势互补，共同应对市场挑战。企业需要积极寻求合作机会，与产业链上下游的合作伙伴建立紧密的合作关系，共同开发新技术、新产品，提高整个产业链的创新能力。

　　在数字生态下，创新协同化主要指的是为满足 B 端客户数字化转型需求，达到更佳的数字化转型效果，技术类、产品类、服务类、集成类等 IT 企业在以数据为生产要素的基础上，形成自发自洽、优势互补的商业协同网络。这种协同化不仅体现在资源的共享和整合上，更强调在创新过程中的深度合作和共同创新。

　　数字生态环境的核心在于数字技术的深度应用和数字化商业模式的创

新。在这个环境中，数字技术不仅成为推动创新和创造性活动的强大动力，还促进了全新商业模式、产品和服务的涌现。这些创新和创造不仅推动了经济的转型，还为产业升级提供了源源不断的动力。数字生态环境鼓励企业、研究机构、创新者等各方主体积极探索和尝试，以数字技术为工具，打破传统界限，开创出更加高效、便捷、智能的经济运行方式，从而推动整个社会经济的持续健康发展（王俊、方烨，2024）。在数字生态环境中，数字技术的应用无处不在，它如同一条红线，贯穿了经济活动的每一个环节。从产品研发到生产制造，从市场营销到客户服务，数字技术都在发挥着至关重要的作用。通过应用大数据、云计算、人工智能等先进技术，企业能够更精准地把握市场需求，更快速地响应市场变化，从而创造出更多符合消费者需求的产品和服务。同时，数字生态环境也催生了众多的数字化商业模式。这些模式打破了传统商业模式的束缚，通过全新的商业逻辑和运营方式，为企业带来了更多的盈利机会。为了支持创新协同化的发展，传统制造企业需要对传统的创新流程进行再造与优化。这包括从需求分析、方案设计、研发测试到市场推广等各个环节的改进和优化。企业需要引入敏捷开发、迭代创新等先进的创新方法论，提高创新流程的效率和灵活性；同时，还需要加强与其他创新主体的合作与互动，实现创新流程的协同化和无缝衔接。此外，数字生态环境还催生了数字内容产业、电子商务、数字金融等新兴产业，这些产业的快速发展为经济的转型和升级注入了新的动力。在数字生态环境的推动下，创新和创造性的活动得到了极大的鼓励和支持。无论是技术创新还是商业模式创新，都能够在这个环境中找到生长的土壤。企业和创新者可以更加自由地探索新的领域、尝试新的方法，从而不断推动技术的进步和商业模式的创新。

在数字生态下，传统制造企业需要积极构建和维护一个开放、协作、共享的创新生态系统。这个生态系统应该包括企业内部的各个部门、外部的合作伙伴、供应商、客户以及研究机构等，形成一个紧密的创新网络。企业需要通过建立合作机制、共享资源、共同研发等方式，促进生态系统中各方的协同创新和共同发展。数字生态环境高度重视资源共享与协同创新的理念，为中小企业提供了广阔的舞台。在这个环境中，中小企业能够轻松获取并共享数据、尖端技术、开放平台以及市场资源等，同时也有机会与其他企业建立紧密的合作伙伴关系。这种资源的深度共享与有效整合能够帮助中小企业汇聚各方专业能力和创新资源，实现优势互补，从而推动创新活动的深入开展。通过合作创新，中小企业不仅能够提升自身竞争力，还能促进产业链上下游的协同发展，共同开创合作共赢的新局面（王俊、方烨，2024）。在创新协同化的过程中，传统制造企业需要整合和优化创新资源。这包括资金、技术、人才、信息等各个方面。在数字生态下，这些资源被更有效地整合和利用，通过共享和协作，实现创新资源的最大化利用。数字生态中的各个企业拥有不同的优势和资源，通过协同化创新，可以实现优势互补，共同解决问题，提高整体创新能力。数字生态下的创新协同化不仅可以优化单个产业的生产及供应链管理，还可以带动相关产业的升级。通过数字化设备实现高效生产后，采取智能化控制和智慧本地化方案，可以优化资源配置和生产效率，进而提高产业融合和发展水平。

数字经济以深度应用数字化技术为核心，显著增强了价值链各环节间的紧密联系，推动了价值链上各主体朝向数字化和智能化的方向转型。面对日益加剧的环境动态性，这种转型过程显得尤为关键。它不仅加强了价值链主体间的内在关联和相互依赖，还有效打破了以往在创新合作中存在的障碍和壁垒，为整个价值链的协同创新注入了强大的新动力，促进了更加广泛和深入的协作与发展（熊玮等，2024）。在数字经济的推动下，价值链上的各个环节都实现了数字化和智能化升级，价值链主体间的联系和依赖增强。从原材料的采购、生产、加工到最终产品的销售和服务，每一个环节都通过数字化技术实现了信息的实时共享和高效传递。这种信息的快速流通，使价值链主体能够更加清晰地了解市场需求、消费者偏好以及竞争态势，从而作出更加精准和及时的决策。同时，数字化技术也使价值链主体之间的协作更加紧密，它们可以通过云平台、大数据、人工智能等技术手段，实现资源的优化配置和高效利用，共同应对市场的快速变化。在环境动态性日益加剧的背景下，这种紧密的联系和依赖显得尤为重要。随着市场环境的变化，消费者需求、竞争格局以及政策法规等都在不断发生变化。如果企业不能及时调整自己的战略和策略，就很容易被市场淘汰。而数字经济正是为企业提供了这样的能力。通过深度应用数字化技术，企业可以更加快速地获取市场信息、分析消费者行为、预测市场趋势，并据此进行快速响应和调整。这种敏捷性和灵活性使企业能够更好地适应市场变化，保持竞争优势。

同样地，数字经济打破了以往在创新合作中存在的障碍和壁垒，为整个价值链的协同创新注入了强大的新动力。在传统经济中，由于信息不对称、技术壁垒等原因，创新合作往往难以展开。而数字经济通过共享数据、技术和平台资源，打破了这些障碍和壁垒，使创新合作变得更加容易和高效。中小企业可以通过与大企业、研究机构等建立合作伙伴关系，共享数据和平台资源，实现优势互补，共同开展创新活动。这种合作模式不仅有助于降低创新成本，还能够加速创新成果的转化和应用，推动整个价值链的协同创新。在环境动态性日益加剧的背景下，创新成为企业生存和发展的关键。数字经济通过促进数字化和智能化转型，为企业提供了更多创新的可能性。企业可以通过引入新技术、开发新产品、优化服务流程等方式，不断提升自己的创新能力和竞争力。同时，数字经济也为企业之间的创新合作提供了更多的机会和平台。通过共享数据和平台资源，企业可以更容易找到合作伙伴，共同开展创新活动。这种合作模式不仅有助于降低创新成本，还能够加速创新成果的转化和应用，推动整个价值链的协同创新。

此外，数字经济还促进了价值链上各主体的广泛和深入协作。在数字经济时代，企业之间的竞争已经不再是简单的产品竞争或价格竞争，而是转变为生态竞争或平台竞争。为了保持竞争优势，企业需要与更多的合作伙伴建立紧密的合作关系，共同构建一个强大的生态系统或平台。在这个生态系统或平台上，各主体可以共享资源、互通有无、互利共赢。这种广泛而深入的协作不仅有助于提升整个价值链的竞争力，还能够为企业带来更多的商业机会和价值。数字经济还推动了价值链的可持续发展。在数字经济时代，可持续发展已经成为企业的重要目标之一。通过深度应用数字化技术，企业可以更加精准地把握市场需求和资源状况，实现资源的优化配置和高效利用。同时，数字经济也为企业提供了更多的创新手段和方法，使企业可以更容易实现绿色生产、低碳运营和循环发展。这些措施不仅有助于降低企业的运营成本和环境风险，还能够为企业赢得更多的社会认可和声誉资本。

经过前文分析，本节绘制了数字技术、动态能力对数字创新绩效的保障机制如图 5-2 所示，保障机制由两部分组成：创新生态下数据、业务智能化，以及数字生态下的创新协同化，两部分共同保障了传统制造企业数字创新绩效的获取过程。

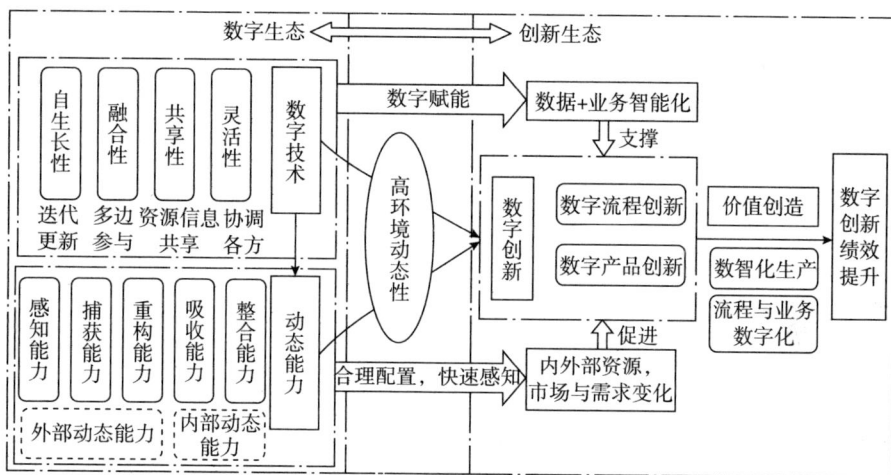

图 5-2 数字技术、动态能力对数字创新绩效的保障机制

第六章　传统制造企业数字创新绩效提升管理启示

近年来，传统制造业正在发生翻天覆地的变化。无论外部环境还是企业的运营模式都在不断突破，企业边界的融合、客户需求的多样化也在重新定义产品与组织。传统制造企业面临数字经济浪潮所带来的技术挑战与时代红利，运用数字技术赋能企业产品开发、流程优化，开展数字创新活动是重中之重。对于长久依赖传统技术优势的传统制造企业，运用数字技术开展数字创新并非易事，迫切需要解决却能力不足、对环境监测不够等难题。本书结合企业现状和过往研究，以环境动态性作为调节变量，提出数字技术、动态能力与数字创新绩效的理论模型，发放调研问卷获取数据，通过实证分析检验变量间的关系假设是否成立。实证结果及研究结论为传统制造企业突破环境困境，在数字技术应用过程中构建动态能力、获取数字创新绩效提供了管理启示。

第一节　加强自身动态能力，支撑数字应用与创新

一、积极感知外部变化，培养资源配置能力与响应能力

对于传统制造企业而言，数字创新是转型升级的必由之路。传统制造

企业应充分利用数字技术的属性特点，发挥关键所长，构建以感知、捕获和重构为主的外部动态能力以及以吸收和整合为主的内部动态能力（Teece，2018；焦豪，2021a）。企业应积极感知外部环境变化，敏锐捕捉市场脉搏，持续收集并分析行业发展趋势、竞争对手动态以及客户需求的演变，为数字创新提供坚实的市场依据。与高校、科研机构等建立紧密的合作关系，引进外部专家智囊团，为企业的数字创新提供前瞻性的技术指导和战略建议。在必要时，企业可以寻求外部资源，如先进的生产技术、资金支持和市场渠道，通过合作、投资等方式，弥补自身在数字创新方面的不足，加速转型升级的步伐。在内部层面，传统制造企业应加强内部的信息流通与共享，鼓励员工积极参与行业的交流活动和研讨会，拓宽视野，获取最新的行业信息。同时，建立有效的内部信息共享平台，确保关键的市场信息、技术动态能够迅速传达给决策层，为企业决策提供科学依据。基于市场研究和内部分析，企业应制定清晰的数字创新战略规划，明确创新目标、优先级和关键成功要素，为资源的合理配置提供明确指导。建立灵活高效的资源调配机制，确保人力、物力、财力等关键资源能够迅速、精准地投入到数字创新的关键项目和领域中。

资源配置能力在传统制造企业的数字创新中同样至关重要。首先，企业需要明确自身的发展目标、愿景和核心价值观，这将为数字创新的资源配置指明方向和重点。随后，为支持数字创新，企业应基于市场环境、竞争态势以及内部条件，制定长期和短期的数字创新战略规划，构建一个全面覆盖人力资源、财务资源、物资资源、技术资源等资源要素的管理体系。通过对各类资源的细致梳理、评估和分类，企业能够清晰地掌握资源的数量、质量、分布和用途，为数字创新的资源优化配置奠定坚实基础。在资源配置流程上，企业应建立高效且灵活的机制，涵盖需求分析、计划制定、执行控制、评估反馈等关键环节。通过不断优化流程，企业能够实现对数字创新资源的快速响应、精准投放和高效利用，从而加快数字创新的步伐，提升企业的市场竞争力。同时，团队建设是数字创新中不可或缺的一环。企业应注重培养一支具备专业素养、创新意识和协作精神的资源配置团队。

通过培训、交流、实践等多种方式，提升团队成员的专业技能和综合素质，确保他们能够为企业的数字创新提供有力支持。在信息化方面，企业应充分利用信息技术手段，建立资源管理系统、数据分析平台等信息化工具。这些工具能够帮助企业实现资源的数字化、网络化和智能化管理，提高资源配置的效率和效果。通过实时监控、动态调整和精准投放资源，企业能够更好地应对市场变化，加速数字创新的进程。企业应时刻关注市场与政策变化，加强对各种风险的识别和评估，建立有效的风险防范和应对措施。通过风险管理，企业能够降低资源配置过程中的不确定性和风险性，确保数字创新的稳健发展。

在数字化浪潮下，传统制造企业同样需构建快速响应能力以应对市场变化和客户需求。企业需要建立数字化的快速反馈机制，通过建立客户反馈系统，利用社交媒体、在线调查等渠道收集客户意见和建议，并快速响应和处理。同时，定期进行市场调研和数据分析，深入了解市场需求和竞争态势，以便及时调整企业战略。这样的快速反馈机制将使企业能够保持敏锐的市场洞察力，确保业务决策的及时性和准确性。通过优化供应链和物流体系，企业可以缩短从原材料采购到最终产品交付给客户的整体时间，帮助企业实现精益库存管理，更高效地利用资源，如人力、物力和财力。这种优化不仅可以降低企业的运营成本，还可以提高资源的使用效率，从而支持快速响应能力的提升。为构建一个高效的供应链和物流体系，传统制造企业需要借助数字化技术进行优化。引入先进的制造执行系统（MES）、物联网（IoT）和工业互联网（IIoT）技术，实现生产过程的实时监控和数据分析。采用智能采购系统，与供应商建立紧密的数字化合作关系，确保原材料的稳定供应。引入先进的库存管理系统，通过实时数据分析和预测，实现库存的优化管理。同时，利用物联网等技术优化物流配送网络，实现物流信息的实时跟踪和调度，确保产品能够迅速、准确地送达客户手中。在培养员工方面，企业应着重培养员工的数字化素养和敏捷思维，鼓励员工积极学习和掌握新技术，勇于提出创新性的解决方案。同时，加强员工的团队协作和沟通能力培训，确保数字化转型过程中各部门之间的顺畅沟通。此外，企业还应进行危机应对培训，提升员工在数字化转型过程中应对突发情况的能力。鼓励员工参与创新和改进活动，激发员工的创造力和积极性。企业可以建立专门的快速响应团队，负责处理突发事件和紧急情况，定期对企业的快速响应能力进行评估和反馈，发现存在的问题和不足。根据评估结果，制定改进措施和优化方案，不断提高企业的快速响应能力。

二、构建动态能力、资源与流程相匹配

在数字化时代，市场变化迅速且复杂。传统制造企业构建动态能力，意味着企业能够灵活调整自身的战略、资源和流程，以应对这些变化。拥有了相关数字技术的支撑，企业领导者利用数字整合能力与数字平台和数字流程协同（程聪、胡嘉阳，2023），实现内外部资源整合，将现有技术与能力进一步创新升级，形成新的数字化产品与商业模式。在这个基础上，企业可以更好地整合和优化内部资源，提高资源利用效率。通过引入数字化工具和技术，企业可以实时监控生产过程中的各项数据，实现精细化管理和精准控制，减少浪费和损失。同时，企业还可以根据生产需求和市场变化，动态调整资源配置，确保资源的高效利用。数字应用与创新是企业保持竞争力的关键。构建动态能力、资源与流程相匹配的环境，可以为企业创新提供有力支持，使企业更好地适应数字化时代的发展需求，提升自身竞争力。企业可以凭借高效的资源利用效率、快速的创新能力和卓越的产品质量，赢得市场和客户的青睐。同时，企业还可以借助数字化平台，加强与外部合作伙伴的沟通和协作，共同推动创新成果的转化和应用。制造企业要想赢得可持续的竞争优势，需要在数字化技术的基础上，全面提升自身的流程能力、价值链职能以及与利益相关者的关系，这样才能确保企业在激烈的市场竞争中立于不败之地。

传统制造企业要构建动态能力并确保资源与流程相匹配，首先需要密切关注市场动态，通过市场研究和数据分析来洞察行业发展趋势和客户需求变化。基于这些信息，企业应制定明确的战略规划，明确长期发展目标

以及应对市场变革的策略。接下来，优化资源配置是关键，企业应建立稳固的供应商合作关系，优化供应链管理，同时关注员工培训和人才发展，提升整体人力资源质量。在组织结构方面，企业应构建灵活、适应市场变化的组织架构，提高组织的响应速度和创新能力。设计高效的业务流程，确保各部门间协同工作，数据驱动决策，优化生产和服务流程。此外，整合内部资源与能力，形成合力，培养技术能力、创新能力、市场能力和组织能力等多方面的动态能力。同时，建立快速响应机制，确保在市场需求变化时能够迅速调整生产和物流计划。最后，企业应持续改进与优化，定期评估资源和流程与市场动态的匹配度，鼓励员工提出改进意见，促进组织的持续发展。通过这样的综合举措，传统制造企业可以构建强大的动态能力，确保资源与流程相匹配，从而更好地适应市场变化，提升竞争力。

在推进数字创新方面，对于传统制造企业而言，首要任务是明确数字创新的目标和期望达成的业务成果。这将成为企业资源配置和流程设计的指导灯塔，使企业能够集中资源，优先发展关键领域，确保数字创新活动能够有条不紊地展开。接下来，企业需全面评估现有资源，包括人力资源、技术基础和资金储备等，以了解每种资源的现状、潜力和可用性，进而在数字创新过程中实现资源的精准配置。基于这些评估结果，企业应设计定制化的数字创新流程，进行深入的流程再造，识别并消除传统流程中的冗余环节，实现业务流程的数字化和简化。同时，制定明确的数字化流程规范，并引入先进的自动化软件和技术，以实现流程的标准化和自动化，从而大幅提升工作效率。确保流程中的每个环节都能最大化资源的价值。同时，企业需根据流程的实际需求动态调整资源配置，避免资源浪费，确保关键资源在关键时刻得到充分利用。此外，数字创新往往涉及多部门协作，因此企业应建立高效的跨部门协作机制，确保各部门间的资源和流程能够无缝对接，共同推动数字创新项目的进展。在数字创新过程中，企业还需持续监控资源和流程的使用情况，一旦发现不匹配或效率低下的问题，应及时调整和优化，确保资源的有效利用和流程的高效运行。当内部资源无法满足需求时，企业可考虑引入外部合作伙伴，如技术提供商和研究机构，通过外部资源的补充和协作，满足数字创新对资源和流程的需求。

此外，为了推动企业的数字创新，引入先进的信息技术至关重要。企业可以通过实施企业资源规划（ERP）系统，将内部资源进行数字化整合，实现信息的实时共享和高效利用。此外，客户关系管理系统的应用将使企业能够更精准地把握客户需求，提升客户服务质量。借助云计算技术，企业可以显著提升数据处理能力，以支持更复杂的业务分析。利用大数据技术，企业能够更精准地分析市场趋势，为决策提供有力支持。最后，通过引入人工智能（AI）和机器学习（ML）技术，企业可以实现智能化决策和预测分析，进一步提升业务效率和响应速度。在营造企业文化方面，企业应强调数字化创新的重要性，并鼓励员工积极参与到数字化转型的过程中来。通过举办内部培训、分享会等活动，让员工深入了解数字化技术的应用和发展趋势。同时，建立合理的激励制度，对在数字化创新中做出突出贡献的员工给予表彰和奖励，激发员工的创新热情和工作积极性。这样的企业文化将有助于企业的数字化转型和持续创新。

第二节　数字赋能生产，打造数字生态

一、开展数字创新，提升生产效率

对于企业而言，劳动力是内生的，而自动化、智能化等技术则是外生的生产要素。随着自动化和智能化程度的提高，一些传统的、重复的、简单的工作任务逐渐被机器所取代。这使企业不再需要大量的劳动力来完成这些任务，从而降低了对人力要素的需求。人力需求的降低使企业相应地减少了工资支出，从而降低了生产成本（Acemoglu and Restrepo，2018）。数字技术创新在短时间内可能会使企业运营成本上升，降低全要素生产率。但从长期来看，数字创新通过提升生产设备的智能化水平和自动化程度，使生产过程更加高效和精准，从而提高生产效率。同时，数字创新还可以推动企业建立绿色供应链和绿色生产体系，通过更加精确地掌握原材料、生产过程和物流等环节的碳排放情况，进而优化供应链和生产流程，提高企业绿色创新能力（赵宸宇，2022）。相较于其他类型的企业，数字底层技术的运用能够在更大程度上助推依赖碳排放的传统制造企业实现绿色创新（马文甲等，2023）。通过精确的数据分析和智能决策，传统制造企业可以更有效地降低污染排放，提高资源利用效率，利用新一代数字技术进行绿色转型，实现绿色生产。同时，数字技术的应用使企业内部资源与数据透明化，能够帮助企业更好地管理与应用这些资源，组织运行的灵活性提高，生产效率与资源配置效率进一步提升（Cagno et al.，2021）。例如，云计算和人工智能等技术的应用能够推动企业实现智能化决策和精细化管理，提高资源配置效率和创新能力。此外，数字创新还可以推动企业进行技术创新和产品升级。通过应用新一代信息技术，企业可以开发出更具创新性和竞争力的产品和服务，满足市场需求，提升企业的竞争力。例如，大数据分析技术可以帮助企业更好地了解市场需求和消费者行为，优化产品设计和生产策略，提高产品质量和市场竞争力。这种技术创新和产品升级的过程也是全要素生产率提升的重要体现。

因此，为了适应数字化时代的需求，传统制造企业必须加速其数字创新步伐，通过数字赋能的手段优化组织流程、改革组织生产。一方面，数字技术的共享性使信息流动更加通畅，组织内外部及组织内部之间的沟通壁垒逐渐减弱，有效应用数字技术能够实现降本增效，优化组织结构向扁平化发展，避免资源的流转浪费，提升资源利用率（李春发等，2020）。不同于互联网企业的先天数字技术优势，传统制造企业对数字化投资的增加及新兴技术的应用，从多方面为组织开展数字创新活动提供源源不断的资源，有助于企业获取数字经济时代的红利，实现企业的转型变革。另一方面，以大数据、人工智能等为核心的数字技术已然渗透至生产运营和社会生活的方方面面，智能化生产设备的出现和数字技术的赋能均大幅提升生产效率（Hess et al.，2016）。对传统制造业来说，数字化赋能能够帮助企业在动态环境中形成组织双元能力。双元能力中的研发利用能力可以整合组织现有能力提高新产品开发能力，研发探索能力可以帮助企业应对快速变化的市场环境中革新研发流程与方法，进而形成竞争优势（池毛毛等，2020）。企业利用数字技术开展创新活动，能够突破技术之间的壁垒，显著促进技术突破式创新和利用式创新，提高企业双元创新能力（王旭辉、史瑞，2024），实现企业的数字化并形成独特的竞争优势。

在数字化转型过程中，数据驱动决策至关重要。传统制造企业在生产制造过程中引入数字技术，从数据采集、数据分析等方面对数据进行持续监测和积累，这方便企业更好地了解生产状况、产品质量以及客户需求，对市场趋势准确及时地进行分析。为此，企业需要构建一个完善的数据采集系统，该系统能够实时、准确地收集生产过程中的各类数据。这些数据可能包括设备运行状态、生产进度、产品质量检测结果、能源消耗等。通过物联网（IoT）技术，企业可以实现制造设备之间的智能联网，从而实时获取设备数据。在数据采集的基础上，企业可以利用大数据和人工智能技术对数据进行深度分析和挖掘。这有助于企业更好地了解生产状况、产品质量以及客户需求。通过数据分析，企业可以发现生产过程中的瓶颈和潜在问题，从而制定针对性的改进措施。基于数据分析的结果，企业可以做出更加准确、及时的决策。例如，根据市场需求预测结果，企业可以调整生产计划，避免库存积压或产能不足。同时，数据分析还可以帮助企业优化供应链管理，降低采购成本，提高整体运营效率。数据驱动决策不仅有助于企业解决当前问题，还可以推动企业持续改进和优化生产过程。企业应建立持续改进机制，鼓励员工提出改进意见和建议。同时，企业还应定期对生产过程和产品质量进行评估和审查，确保生产过程的稳定性和产品质量的可靠性。

企业在了解当前生产流程中存在的问题和瓶颈，确定智能调度和排产系统需要解决的具体问题后可以引入智能调度和排产系统，根据市场需求和产能情况，自动调整生产计划，提升市场反应能力和产品准确度，减少产品损耗率，实现生产资源的优化配置。在引入过程中要考虑系统的功能、性能、稳定性、易用性等因素，选择与企业现有系统兼容的方案。同时，也要确保系统与企业现有系统的数据接口畅通，实现数据的实时共享和协同工作。将智能调度和排产系统与企业现有的 ERP、MES 等系统进行集成，实现数据的共享和协同工作。确保系统能够实时获取生产过程中的各项数据，为智能调度和排产提供数据支持。此外，企业还应建立数字化控制系统和管理平台，实现对生产过程的实时监控和管理，确保生产过程中的各个环节能够协调运行；同时，通过数据分析和挖掘，发现生产过程中的问题和瓶颈，为企业的决策提供数据支持。企业应定期根据市场变化和技术发展，不断调整和优化系统的参数和规则，提高系统的运行效率和准确性。数字化工厂的建设可以引入现代化的设备、工具和技术来替代或辅助传统的手工操作，提高生产效率和质量。在数字化工厂的建设过程中，应注重制定统一的生产标准和规范。通过标准化的作业流程和作业方式，企业能够确保产品质量的可靠性和稳定性，降低生产成本，提高生产效率。

数字化转型对于传统制造企业来说是一个持续优化的过程。随着科技的日新月异和市场的快速变化，企业所依赖的数字化生产系统必须保持与时俱进，才能确保企业始终站在行业的前沿，保持竞争力。因此，企业应认识到数字化转型是一个持续优化的过程，建立一套完善的定期评估机制。这个评估机制应当覆盖数字化生产系统的各个方面，包括生产效率、数据安全、系统稳定性、用户体验等，通过收集和分析相关数据，对系统的运行情况进行全面、客观的评估。评估结果将作为系统迭代和更新的重要依据。对于发现的问题和不足，企业应积极采取措施进行改进和优化，如更新软件版本、优化算法、改善用户界面等。同时，企业还应关注新兴技术的发展趋势，及时将新技术引入生产系统，提高系统的先进性和竞争力，为企业的可持续发展提供有力支撑。

二、打破组织边界，协同数字创新

数字化情境下创新边界的模糊以及创新组织的开放性推动了社会分工向个体自组织的趋势发展，并且协调整合的范围也逐渐由企业内部扩展到外部市场（魏江等，2021）。随着大数据、人工智能、云计算等技术的广泛应用，创新不再局限于特定的行业或领域，而是呈跨界融合的特点。这种跨界融合不仅加速了知识的传播和应用，还促进了不同领域之间的交流和合作，使创新活动更加频繁和高效。在数字化情境下，创新组织更加注重开放性和协作性，通过构建开放的创新平台和生态系统，吸引更多的个体和组织参与到创新活动中来。这种开放性不仅促进了知识和资源的共享，也激发了个体的创新潜力和创造力，使社会分工更加精细化和专业化。创新生态系统是一个复杂且动态的过程，它使企业的创新过程展现出自组织性的特质，这种自组织特性使创新生态系统能够灵活应对外部环境的变化，快速适应新的市场需求和技术趋势。同时，创新生态系统能够为企业提供丰富的创新资源与合作机会，企业可以通过与生态系统内的其他参与者进行合作，共同开发新技术、新产品和新服务。企业的数字化过程同样可以给外部环境反馈，企业在这种反馈循环中不断自我优化与演化，实现持续性创新（刘经涛等，2023）。同时，由于数字创新往往涉及多个部门和领域的协同合作，传统制造企业数字技术的应用帮助企业实现互通互联，大数据对信息进行整理与分析，提高企业在产品研发、制造销售等过程中对数据的处理能力（赵宸宇等，2021）。同时，数字技术的应用使信息透明度提高，可以确保信息真实性和客观性，确保每个参与者都可以及时、完整、准确地获取信息，进而统一认知，减少信息不对称。信息是企业决策的基础，而信息壁垒往往会导致企业决策失误和资源浪费。产业链上下游沟通效率的提高，会帮助企业间消除沟通障碍，打破信息壁垒。企业间通过互通有无协同创新，企业可以共同研发新技术、新产品，提高技术水平，进而帮助企业形成规模经济，提高全要素生产率（罗佳等，2023）。企业需要构建适应数字化场景的组织结构，打破传统的组织边界，鼓励团队之间的紧密合作与交流，打破部门壁垒，实现资源共享和知识流通，形成跨部门、跨领域的协同团队，以激发内部创新活力。这些团队将围绕特定的创新项目或业务目标进行工作，实现资源的共享和互补。

传统制造企业需要敏锐识别环境变化，及时开展高效的战略举措。企业在采取任何创新性行动的过程中，离不开对环境的实时监测（Lumpkin and Dess，2001）。在数字经济时代，为了抓住不断变化的市场机遇，企业需要突破传统的组织边界。这包括积极寻求跨界合作，与不同行业和领域的企业携手，共同探索创新的业务模式和市场机会。在数字生态系统中，企业需要积极推动协同创新。这可以通过与其他企业、机构或个体建立合作关系，共同利用各自的资源、技术、经验和知识，在创新过程中实现互补，提高创新效率和创新成果。因此，在合作伙伴关系建设上，企业需秉持包容、开放的姿态。这要求企业拥有开放的心态，接纳新思想、新技术和新模式，不断学习和适应环境变化。同时，企业应积极寻求与不同背景、不同规模的企业建立合作关系，实现优势互补和资源共享。此外，企业还应具备国际化视野，关注全球市场动态和趋势，拓展国际合作伙伴网络，以提升企业的国际竞争力。在合作过程中，企业应展现真诚和担当的态度，以真诚的态度建立信任关系，共同面对挑战和困难。同时，企业要积极承担在合作中的责任和义务，确保合作的顺利进行和目标的实现。此外，企业还应具备共赢思维，寻求双方或多方的共赢局面，以实现长期稳定的合作关系。为了加强已有合作伙伴的联络关系，企业应保持定期沟通，了解彼此的业务发展和市场动态。在已有合作基础上，企业应积极探索更深入的合作领域和方式，以提升合作价值。同时，在合作中注重互惠互利的原则，确保双方都能从合作中获得利益和发展，从而巩固和加强合作关系。

此外，传统制造企业应加强人才队伍建设，通过搭建开放的创新平台，企业可以吸引来自不同领域、不同背景的创新人才和团队，共同参与到企业的创新活动中来。这种平台可以为企业提供源源不断的创新动力，推动企业的持续发展。企业可以通过培训、激励等方式，培养员工的创新意识和能力。通过招聘具备数字技能和创新思维的人才、开展内部培训、设立激励机制等方式，打造一支高素质、专业化的数字创新团队，让员工意识到创新的重要性，并具备创新所需的技能和知识的同时，为企业的数字创新提供强大的人才支撑。鼓励员工提出新的想法和解决方案，尊重不同观点和背景的员工，以促进员工的创造力和创新能力。同时，企业还可以定期组织文化活动和团队建设活动，以增强员工的凝聚力和归属感。跨职能、跨领域人才在企业数字化转型中发挥至关重要的作用。他们不仅具备广泛的知识背景和多元化的技能，还能够促进部门间协作、应对市场变化、推动技术融合和提升企业文化，为企业的数字化转型提供有力的支持。跨部门合作和沟通是培养跨职能、跨领域人才的重要途径。企业可以组织跨部门团队，共同解决跨领域的业务问题，以促进不同部门之间的沟通和协作。同时，企业还可以设立跨部门沟通机制，如定期召开跨部门会议、建立信息共享平台等，以促进信息的流通和共享。

参考文献

[1] Abrell T, Pihlajamaa M, Kanto L, et al. The Role of Users and Customers in Digital Innovation: Insights from B2B Manufacturing Firms [J]. Information & Management, 2016, 53 (3): 324-335.

[2] Acemoglu D, Restrepo P. The Race between Man and Machine: Implications of Technology for Growth, Factor Shares, and Employment [J]. American Economic Review, 2018 (108): 1488-1542.

[3] Agarwal R, Bayus B L. The Market Evolution and Sales Takeoff of Product Innovations [J]. Management Science, 2002, 48 (8): 1024-1141.

[4] Ahmed A, Bhatti S H, Gölgeci I, et al. Digital Platform Capability and Organizational Agility of Emerging Market Manufacturing SMEs: The Mediating Role of Intellectual Capital and the Moderating Role of Environmental Dynamism [J]. Technological Forecasting and Social Change, 2022 (177): 121513.

[5] Ahuja G, Katila R. Technological Acquisitions and the Innovation Performance of Acquiring Firms: A Longitudinal Study [J]. Strategic Management Journal, 2001, 22 (3): 197-220.

[6] Akter S, Gunasekaran A, Wamba S F, et al. Reshaping Competitive Advantages with Analytics Capabilities in Service Systems [J]. Technological Forecasting and Social Change, 2020 (159): 120180.

[7] Antonopoulou K, Begkos C. Strategizing for Digital Innovations: Value

Propositions for Transcending Market Boundaries ［J］. Technological Forecasting and Social Change, 2020 (156): 120042.

［8］ Ardito L, Raby S, Albino V, et al. The Duality of Digital and Environmental Orientations in the Context of SMEs: Implications for Innovation Performance ［J］. Journal of Business Research, 2021 (123): 44-56.

［9］ Autio E, Nambisan S, Thomas L D W, et al. Digital Affordances, Spatial Affordances, and the Genesis of Entrepreneurial Ecosystems ［J］. Strategic Entrepreneurship Journal, 2018, 12 (1): 72-95.

［10］ Barney J. Firm Resources and Sustained Competitive Advantage ［J］. Journal of Management, 1991, 17 (1): 99-120.

［11］ Barreto I. Dynamic Capabilities: A Review of Past Research and an Agenda for the Future ［J］. Journal of Management, 2010, 36 (1): 256-280.

［12］ Baum J R, Wally S. Strategic Decision Speed and Firm Performance ［J］. Strategic Management Journal, 2003, 24 (11): 1107-1129.

［13］ Bharadwaj A, El Sawy O A, Pavlou P A, et al. Digital Business Strategy: Toward a Next Generation of Insights ［J］. MIS Quarterly, 2013, 37 (2): 471-482.

［14］ Birley S. The Role of Networks in the Entrepreneurial Process ［J］. Journal of Business Venturing, 1985, 1 (1): 107-117.

［15］ Blichfeldt H, Faullant R. Performance Effects of Digital Technology Adoption and Product & Service Innovation—A Process-Industry Perspective ［J］. Technovation, 2021 (105): 102275.

［16］ Boeker W, Howard M D, Basu S, et al. Interpersonal Relationships, Digital Technologies, and Innovation in Entrepreneurial Ventures ［J］. Journal of Business Research, 2021 (125): 495-507.

［17］ Boland R J, Lyytinen K, Yoo Y. Wakes of Innovation in Project Networks: The Case of Digital 3-D Representations in Architecture, Engineering, and Construction ［J］. Organization Science, 2007, 18 (4): 547-747.

［18］ Bravo M I R, Moreno A R, Garcia A G, et al. How Open Innovation Practices Drive Innovation Performance: Moderated－Mediation in the Interplay Between Overcoming Syndromes and Capabilities ［J］. Journal of Business & Industrial Marketing, 2022, 37 （2）: 366-384.

［19］ Bresciani S, Huarng K-H, Malhotra A, et al. Digital Transformation as a Springboard for Product, Process and Business Model Innovation ［J］. Journal of Business Research, 2021 （128）: 204-210.

［20］ Cagno E, Neri A, Negri M, et al. The Role of Digital Technologies in Operationalizing the Circular Economy Transition: A Systematic Literature Review ［J］. Applied Sciences, 2021, 11 （8）: 3328.

［21］ Carlsson B. The Digital Economy: What is New and What is Not? ［J］. Structural Change and Economic Dynamics, 2004, 15 （3）: 245-264.

［22］ Cenamor J, Parida V, Wincent J. How Entrepreneurial SMEs Compete Through Digital Platforms: The Roles of Digital Platform Capability, Network Capability and Ambidexterity ［J］. Journal of Business Research, 2019 （100）: 196-206.

［23］ Chakravarthy B. A New Strategy Framework for Coping with Turbulence ［J］. Sloan Management Review, 1997, 38 （2）: 69-82.

［24］ Chanias S, Myers M D, Hess T. Digital Transformation Strategy Making in Pre-digital Organizations: The Case of a Financial Services Provider ［J］. The Journal of Strategic Information Systems, 2019, 28 （1）: 17-33.

［25］ Child J. Organizational Structure, Environment and Performance: The Role of Strategic Choice ［J］. Sociology, 1972, 6 （1）: 1-22.

［26］ Chiu C-N, Yang C-L. Competitive Advantage and Simultaneous Mutual Influences Between Information Technology Adoption and Service Innovation: Moderating Effects of Environmental Factors ［J］. Structural Change and Economic Dynamics, 2019 （49）: 192-205.

［27］ Christensen J F. Asset Profiles for Technological Innovation ［J］. Research Policy, 1995, 24 (5): 727-745.

[28] Coombs R. Core Competencies and the Strategic Management of R&D [J]. R&D Management, 1996, 26 (4): 345-355.

[29] Danneels E. Survey Measures of First-and Second-Order Competences [J]. Strategic Management Journal, 2016, 37 (10): 2174-2188.

[30] Dess G G, Beard D W. Dimensions of Organizational Task Environments [J]. Administrative Science Quarterly, 1984, 29 (1): 52-73.

[31] Dess G G, Robinson R B. Measuring Organizational Performance in the Absence of Objective Measures: The Case of the Privately-Held Firm and Conglomerate Business Unit [J]. Strategic Management Journal, 1984, 5 (3): 265-273.

[32] Dill W R. Environment as an Influence on Managerial Autonomy [J]. Administrative Science Quarterly, 1958 (2): 409-443.

[33] Dubey R, Gunasekaran A, Childe S J, et al. Big Data Analytics and Artificial Intelligence Pathway to Operational Performance Under the Effects of Entrepreneurial Orientation and Environmental Dynamism: A Study of Manufacturing Organisations [J]. International Journal of Production Economics, 2020 (226): 107599.

[34] Duncan R B. Characteristics of Organizational Environments and Perceived Environmental Uncertainty [J]. Administrative Science Quarterly, 1972 (17): 313-327.

[35] Eisenhardt K M, Martin J A. Dynamic Capabilities: What Are They? [J]. Strategic Management Journal, 2000, 21 (10-11): 1105-1121.

[36] Eisenhardt K M. Building Theories from Case Study Research [J]. The Academy of Management Review, 1989, 14 (4): 532-550.

[37] Elia S, Petruzzelli A M, Piscitello L. The Impact of Cultural Diversity on Innovation Performance of MNC Subsidiaries in Strategic Alliances [J]. Journal of Business Research, 2019, 98 (8-9): 204-213.

［38］Emery F E, Trist E L. The Causal Texture of Organizational Environments ［J］. Human Relations, 1965, 18（1）: 21-32.

［39］Estrada I, Faems D, De Faria P. Coopetition and Product Innovation Performance: The Role of Internal Knowledge Sharing Mechanisms and Formal Knowledge Protection Mechanisms ［J］. Industrial Marketing Management, 2016（53）: 56-65.

［40］Fichman R G, Dos Santos B L, Zheng Z E. Digital Innovation as a Fundamental and Powerful Concept in the Information Systems Curriculum ［J］. MIS Quarterly, 2014, 38（2）: 329-354.

［41］Fine C H. Clockspeed: Winning Industry Control in the Age of Temporary Advantage ［M］. Reading: Perseus Books, 1998.

［42］Fitzgerald M, Kruschwitz N, Bonnet D, et al. Embracing Digital Technology: A New Strategic Imperative ［J］. MIT Sloan Management Review, 2014, 55（2）: 1-12.

［43］Fornell C, Larcker D F. Structural Equation Models with Unobservable Variables and Measurement Error: Algebra and Statistics ［J］. Journal of Marketing Research, 1981, 18（3）: 382-388.

［44］Foss N J, Laursen K, Pedersen T. Linking Customer Interaction and Innovation: The Mediating Role of New Organizational Practices ［J］. Organization Science, 2011, 22（4）: 980-999.

［45］Freeman D C, Turner W A, McArthur E D, et al. Characterization of a Narrow Hybrid Zone Between Two Subspecies of Big Sagebrush（Artemisia tridentata: Asteraceae）［D］. American Journal of Botany, 1991（78）: 805-815.

［46］Garzella S, Fiorentino R, Caputo A, et al. Business Model Innovation in SMEs: The Role of Boundaries in the Digital Era ［J］. Technology Analysis & Strategic Management, 2021, 33（1）: 31-43.

［47］Girod S J G, Whittington R. Reconfiguration, Restructuring and Firm Performance: Dynamic Capabilities and Environmental Dynamism ［J］. Strategic

Management Journal, 2016, 38 (5): 1121-1133.

[48] Griffith D A, Harvey M G. Executive Insights: An Intercultural Communication Model for Use in Global Interorganizational Networks [J]. Journal of International Marketing, 2001, 9 (3): 87-103.

[49] Hagedoorn J, Cloodt M. Measuring Innovative Performance: Is There an Advantage in Using Multiple Indicators? [J]. Research Policy, 2003, 32 (8): 1365-1379.

[50] Hair J F, Anderson R E, Tatham R L, et al. Multivariate Data Analysis (7th Edition) [M]. Upper Saddle River: Prentice-Hall, 2010.

[51] Hartl E, Hess T. The Role of Cultural Values for Digital Transformation: Insights from a Delphi Study [C]. Proceedings of the 23rd Americas Conference on Information Systems, 2017.

[52] Helfat C E, Finkelstein S, Mitchell W, et al. Dynamic Capabilities: Understanding Strategic Change in Organizations [M]. Malden: Wiley – Blackwell, 2007.

[53] Helfat C E, Raubitschek R S. Dynamic and Integrative Capabilities for Profiting from Innovation in Digital Platform – Based Ecosystems [J]. Research Policy, 2018, 47 (8): 1391-1399.

[54] Henfridsson O, Nandhakumar J, Scarbrough H, et al. Recombination in the Open–Ended Value Landscape of Digital Innovation [J]. Information and Organization, 2018, 28 (2): 89-100.

[55] Hess T, Matt C, Benlian A, et al. Options for Formulating a Digital Transformation Strategy [J]. MIS Quarterly Executive, 2016, 15 (2): 123-139.

[56] Hoerlsberger M. Innovation Management in a Digital World [J]. Journal of Manufacturing Technology Management, 2019, 30 (8): 1117-1126.

[57] Holmström J. Recombination in Digital Innovation: Challenges, Opportunities, and the Importance of a Theoretical Framework [J]. Information and Organization, 2018, 28 (2): 107-110.

［58］Jahanmir S F, Cavadas J. Factors Affecting Late Adoption of Digital Innovations ［J］. Journal of Business Research, 2018 （88）: 337-343.

［59］Jahanmir S F, Silva G M, Gomes P J, et al. Determinants of Users' Continuance Intention Toward Digital Innovations: Are Late Adopters Different? ［J］. Journal of Business Research, 2020 （115）: 225-233.

［60］Jaworski B J, Kohli A K. Market Orientation: Antecedents and Consequences ［J］. Journal of Marketing, 1993, 57 （3）: 53-70.

［61］Johnson J L, Lee R P-W, Saini A, et al. Market-Focused Strategic Flexibility: Conceptual Advances and an Integrative Model ［J］. Journal of the Academy of Marketing Science, 2003 （31）: 74-89.

［62］Khin S, Ho T C F. Digital Technology, Digital Capability and Organizational Performance: A Mediating Role of Digital Innovation ［J］. International Journal of Innovation Science, 2019, 11 （2）: 177-195.

［63］Konlechner S W, Müller B, Güttel W H. A Dynamic Capabilities Perspective on Managing Technological Change: A Review, Framework and Research Agenda ［J］. International Journal of Technology Management, 2018, 76 （3/4）: 188-213.

［64］Leonhardt D, Hanelt A, Huang P, et al. Does One Size Fit All? Theorizing Governance Configurations for Digital Innovation ［C］. San Francisco: International Conference on Information Systems, 2018.

［65］Levcenko S, Stange H, Choubrac L, et al. Radiative Recombination Properties of Near-Stoichiometric CuInSe$_2$ Thin Films ［J］. Physical Review Materials, 2020, 4 （6）: 1-8.

［66］Li D-Y, Liu J. Dynamic Capabilities, Environmental Dynamism, and Competitive Advantage: Evidence from China ［J］. Journal of Business Research, 2014, 67 （1）: 2793-2799.

［67］Li M F, Ye L R. Information Technology and Firm Performance: Linking with Environmental, Strategic and Managerial Contexts ［J］. Information &

Management, 1999, 35 (1): 43-51.

[68] Lin Y-H, Chen Y-S. Determinants of Green Competitive Advantage: The Roles of Green Knowledge Sharing, Green Dynamic Capabilities, and Green Service Innovation [J]. Quality Quantity, 2017, 51 (4): 1663-1685.

[69] Lin Y, Wu L-Y. Exploring the Role of Dynamic Capabilities in Firm Performance under the Resource-Based View Framework [J]. Journal of Business Research, 2014, 67 (3): 407-413.

[70] Lumpkin G T, Dess G G. Linking Two Dimensions of Entrepreneurial Orientation to Firm Performance: The Moderating Role of Environment and Industry Life Cycle [J]. Journal of Business Venturing, 2001, 16 (5): 429-451.

[71] Lusch R F, Nambisan S. Service Innovation: A Service - Dominant (S-D) Logic Perspective [J]. MIS Quarterly, 2015, 39 (1): 155-175.

[72] Lyytinen K, Yoo Y, Boland R J. Digital Product Innovation Within Four Classes of Innovation Networks [J]. Information Systems Journal, 2016, 26 (1): 47-75.

[73] Lyytinen K. Innovation Logics in the Digital Era: A Systemic Review of the Emerging Digital Innovation Regime [J]. Innovation, 2022, 24 (1): 13-34.

[74] Mackert M, Mabry-Flynn A, Champlin S, et al. Health Literacy and Health Information Technology Adoption: The Potential for a New Digital Divide [J]. Journal of Medical Internet Research, 2016, 18 (10): 264.

[75] Mariani M M, Nambisan S. Innovation Analytics and Digital Innovation Experimentation: The Rise of Research - driven Online Review Platforms [J]. Technological Forecasting and Social Change, 2021 (172): 121009.

[76] Mathiassen L, Vainio A M. Dynamic Capabilities in Small Software Firms: A Sense-and-Respond Approach [J]. IEEE Transactions on Engineering Management, 2007, 54 (3): 522-538.

[77] Meeus M, Oerlemans L. Firm Behaviour and Innovative Performance:

An Empirical Exploration of the Selection-Adaptation Debate [J]. Research Policy, 2000, 29 (1): 41-58.

[78] Mikalef P, Pateli A. Developing and Validating a Measurement Instrument of IT-Enabled Dynamic Capabilities [C]. European Conference on Information Systems, 2016.

[79] Miles R E, Snow C C, Meyer A D, et al. Organizational Strategy, Structure, and Process [J]. The Academy of Management Review, 1978 (3): 546-562.

[80] Miller D, Friesen P H. Strategy-Making and Environment: The Third Link [J]. Strategic Management Journal, 1983, 4 (3): 221-235.

[81] Milliken F J. Three Types of Perceived Uncertainty About the Environment: State, Effect, and Response Uncertainty [J]. The Academy of Management Review, 1987, 12 (1): 133-143.

[82] Mintzberg H, Ahlstrand B, Lampel J. Strategy Safari: A Guided Tour Through the Wilds of Strategic Management [M]. Upper Saddle River: Prentice Hall, 1998.

[83] Monteiro E. Reflections on Digital Innovation [J]. Information and Organization, 2018, 28 (2): 101-103.

[84] Moorman C, Miner A S. Miner. Organizational Improvisation and Organizational Memory [J]. The Academy of Management Review, 1998, 23 (4): 698-723.

[85] Mubarak M F, Petraite M. Industry 4.0 Technologies, Digital Trust and Technological Orientation: What Matters in Open Innovation? [J]. Technological Forecasting and Social Change, 2020 (161): 120332.

[86] Nambisan S, Lyytinen K, Majchrzak A, et al. Digital Innovation Management [J]. MIS Quarterly, 2017, 41 (1): 223-238.

[87] Nambisan S, Wright M, Feldman M. The Digital Transformation of Innovation and Entrepreneurship: Progress, Challenges and Key Themes [J]. Re-

search Policy, 2019, 48 (8): 103773.

[88] Nambisan S. Digital Entrepreneurship: Toward a Digital Technology Perspective of Entrepreneurship [J]. Entrepreneurship Theory and Practice, 2017, 41 (6): 1029-1055.

[89] Negroponte N. Being Digital [M]. New York: Random House Inc. , 1995.

[90] Nwankpa J K, Datta P. Balancing Exploration and Exploitation of IT Resources: The Influence of Digital Business Intensity on Perceived Organizational Performance [J]. European Journal of Information Systems, 2017, 26 (5): 469-488.

[91] Oh W, Pinsonneault A. On the Assessment of the Strategic Value of Information Technologies: Conceptual and Analytical Approaches [J]. MIS Quarterly, 2007, 31 (2): 239-265.

[92] Ramdani B, Raja S, Kayumova M. Digital Innovation in SMEs: A Systematic Review, Synthesis and Research Agenda [J]. Information Technology for Development, 2022, 28 (1): 56-80.

[93] Ritter T, Pedersen C L. Digitization Capability and the Digitalization of Business Models in Business – To – Business Firms: Past, Present, and Future [J]. Industrial Marketing Management, 2020 (86): 180-190.

[94] Rossini M, Cifone F D, Kassem B, et al. Being Lean: How to Shape Digital Transformation in the Manufacturing Sector [J]. Journal of Manufacturing Technology Management, 2021, 32 (9): 239-259.

[95] Saunila M. Performance Measurement Approach for Innovation Capability in SMEs [J]. International Journal of Productivity and Performance Management, 2016, 65 (2): 162-176.

[96] Sharfman M P, Dean J W. Conceptualizing and Measuring the Organizational Environment: A Multidimensional Approach [J]. Journal of Management, 1991, 17 (4): 681-700.

［97］Shen H，Li Y. A Research on the Effect of Alliance Relationship and Environmental Dynamics on Innovation Performance ［J］. Science Research Management，2010，31（1）：77-85.

［98］Shen L，Zhang X，Liu H. Digital Technology Adoption，Digital Dynamic Capability，and Digital Transformation Performance of Textile Industry：Moderating Role of Digital Innovation Orientation ［J］. Managerial and Decision Economics，2022，43（6）：2038-2054.

［99］Simsek Z，Heavey C，Veiga J F，et al. A Typology for Aligning Organizational Ambidexterity's Conceptualizations，Antecedents，and Outcomes ［J］. Journal of Management Studies，2009，46（5）：864-894.

［100］Smart J，Amar A，O'Brien M，et al. Changing Land Management of Lowland Wet Grasslands of the UK：Impacts on Snipe Abundance and Habitat Quality ［J］. Animal Conservation，2008，11（4）：339-351.

［101］Stoel M D，Muhanna W A. IT Capabilities and Firm Performance：A Contingency Analysis of the Role of Industry and IT Capability Type ［J］. Information & Management，2009，46（3）：181-189.

［102］Svahn F，Mathiassen L，Lindgren R. Embracing Digital Innovation in Incumbent Firms：How Volvo Cars Managed Competing Concerns ［J］. MIS Quarterly，2017，41（7）：239-253.

［103］Tamayo-Torres J，Roehrich J K，Lewis M A. Ambidexterity，Performance and Environmental Dynamism ［J］. International Journal of Operations & Production Management，2017（37）：282-299.

［104］Tapscott D. Die Digitale Revolution ［M］. Wiesbaden：Gabler Verlag，1996.

［105］Tapscott D. The Digital Economy：Promise and Peril in the Age of Networked Intelligence ［M］. New York：McGraw-Hill，1995.

［106］Teece D J，Pisano G P，Shuen A. Dynamic Capabilities and Strategic Management ［J］. Strategic Management Journal，1997，18（7）：509-533.

［107］ Teece D J, Pisano G P. The Dynamic Capabilities of Firms: An Introduction ［J］. Industrial & Corporate Change, 1994 (3): 537-556.

［108］ Teece D J. Business Models and Dynamic Capabilities ［J］. Long Range Planning, 2018, 51 (1): 40-49.

［109］ Teece D J. Explicating Dynamic Capabilities: The Nature and Microfoundations of (Sustainable) Enterprise Performance ［J］. Strategic Management Journal, 2007, 28 (13): 1319-1350.

［110］ Teece D J. The Foundations of Enterprise Performance: Dynamic and Ordinary Capabilities in an (Economic) Theory of Firms ［J］. Academy of Management Perspectives, 2014, 28 (4): 328-352.

［111］ Tondolo V A G, Bitencourt C. Understanding Dynamic Capabilities from Its Antecedents, Processes and Outcomes ［J］. Brazilian Business Review, 2014, 11 (5): 122-144.

［112］ Turban E, Rainer R K, Potter R E. Introduction to Information Technology (4th Edition) ［M］. New York: John Wiley & Sons, Inc. , 2007.

［113］ Vega A, Chiasson M. A Comprehensive Framework to Research Digital Innovation: The Joint Use of the Systems of Innovation and Critical Realism ［J］. The Journal of Strategic Information Systems, 2019, 28 (3): 242-256.

［114］ Vial G. Understanding Digital Transformation: A Review and a Research Agenda ［J］. The Journal of Strategic Information Systems, 2019, 28 (2): 118-144.

［115］ Von Briel F, Davidsson P, Recker J. Digital Technologies as External Enablers of New Venture Creation in the IT Hardware Sector ［J］. Entrepreneurship Theory and Practice, 2018, 42 (1): 47-69.

［116］ Wang C L, Ahmed P K. Dynamic Capabilities: A Review and Research Agenda ［J］. International Journal of Management Reviews, 2007, 9 (1): 31-51.

［117］ Warner K S, Wäger M. Building Dynamic Capabilities for Digital

Transformation: An Ongoing Process of Strategic Renewal [J]. Long Range Planning, 2019, 52 (3): 326–349.

[118] Weiss A M, Heide J B. The Nature of Organizational Search in High Technology Markets [J]. Journal of Marketing Research, 1993 (30): 220–233.

[119] Westerman G, Bonnet D, McAfee A. Leading Digital: Turning Technology into Business Transformation [M]. Boston: Harvard Business Review Press, 2014.

[120] Winter S G. Understanding Dynamic Capabilities [J]. Strategic Management Journal, 2003, 24 (10): 991–995.

[121] Wu L-Y. Resources, Dynamic Capabilities and Performance in a Dynamic Environment: Perceptions in Taiwanese IT Enterprises [J]. Information & Management, 2006, 43 (4): 447–454.

[122] Yang M, Fu M, Zhang Z. The Adoption of Digital Technologies in Supply Chains: Drivers, Process and Impact [J]. Technological Forecasting and Social Change, 2021 (169): 120795.

[123] Yang T-T, Li C-R. Competence Exploration and Exploitation in New Product Development: The Moderating Effects of Environmental Dynamism and Competitiveness [J]. Management Decision, 2011, 49 (9): 1444–1470.

[124] Yoo Y, Boland R J, Lyytinen K, et al. Organizing for Innovation in the Digitized World [J]. Organization Science, 2012, 23 (5): 1398–1408.

[125] Yoo Y, Henfridsson O, Lyytinen K. Research Commentary: The New Organizing Logic of Digital Innovation: An Agenda for Information Systems Research [J]. Information Systems Research, 2010a, 21 (4): 724–735.

[126] Yoo Y, Lyytinen K, Boland R J, et al. The Next Wave of Digital Innovation: Opportunities and Challenges: A Report on the Research Workshop "Digital Challenges in Innovation Research" [R]. Social Science Research Network, 2010b: 1–37.

[127] Yoo Y. Computing in Everyday Life: A Call for Research on Experi-

ential Computing［J］. MIS Quarterly, 2010, 34（2）：213-231.

［128］Zahra S A, George G. Absorptive Capacity：A Review, Reconceptu-alization, and Extension［J］. Academy of Management Review, 2002, 27（2）：185-203.

［129］Zahra S A, Sapienza H J, Davidsson P. Entrepreneurship and Dy-namic Capabilities：A Review, Model and Research Agenda［J］. Journal of Management Studies, 2006, 43（4）：917-955.

［130］Zhao J, Wang M, Zhu L M. How Emergent Strategy Influences Insti-tution：A Qualitative Study of a Private Firm in China［J］. Chinese Management Studies, 2017, 11（2）：303-321.

［131］Zhen Z, Yousaf Z, Radulescu M, et al. Nexus of Digital Organiza-tional Culture, Capabilities, Organizational Readiness, and Innovation：Investi-gation of SMEs Operating in the Digital Economy［J］. Sustainability, 2021, 13（2）：720.

［132］Zollo M, Winter S G. Deliberate Learning and the Evolution of Dy-namic Capabilities［J］. Organization Science, 2002, 13（3）：339-351.

［133］Zott C. Dynamic Capabilities and the Emergence of Intraindustry Dif-ferential Firm Performance：Insights from a Simulation Study［J］. Strategic Man-agement Journal, 2003, 24（2）：97-125.

［134］宝贡敏, 龙思颖. 企业动态能力研究：最新述评与展望［J］. 外国经济与管理, 2015, 37（7）：74-87.

［135］蔡莉, 杨亚倩, 卢珊, 等. 数字技术对创业活动影响研究回顾与展望［J］. 科学学研究, 2019, 37（10）：1816-1824+1835.

［136］蔡莉, 张玉利, 蔡义茹, 等. 创新驱动创业：新时期创新创业研究的核心学术构念［J］. 南开管理评论, 2021, 24（4）：217-226.

［137］蔡晓龙. 双元学习与平台竞争——一个有调节的中介模型［J］. 湖北文理学院学报, 2021, 42（11）：46-54.

［138］蔡跃洲, 牛新星. 中国数字经济增加值规模测算及结构分析

[J]. 中国社会科学, 2021 (11): 4-30+204.

[139] 曹红军, 赵剑波, 王以华. 动态能力的维度: 基于中国企业的实证研究 [J]. 科学学研究, 2009, 27 (1): 36-44.

[140] 曹勇, 杜蔓, 肖琦, 等. 企业创新氛围、双元组织学习与创新绩效——环境动态性的调节效应 [J]. 科技管理研究, 2019, 39 (10): 17-22.

[141] 陈斌, 何思思. 数字经济时代的虚拟集聚与制造业技术创新——来自我国城市群的经验证据 [J]. 南方经济, 2023 (8): 72-92.

[142] 陈冬梅, 王俐珍, 陈安霓. 数字化与战略管理理论——回顾、挑战与展望 [J]. 管理世界, 2020, 36 (5): 220-236+20.

[143] 陈国权, 王晓辉. 组织学习与组织绩效: 环境动态性的调节作用 [J]. 研究与发展管理, 2012, 24 (1): 52-59.

[144] 陈红, 刘东霞. 资源型企业低碳创新行为驱动研究——基于涉煤企业的多案例扎根分析 [J]. 软科学, 2018, 32 (8): 63-67+97.

[145] 陈佳莹, 林少疆. 企业创新网络关系特征对技术创新绩效的影响路径 [J]. 统计与决策, 2014 (2): 186-188.

[146] 陈劲, 陈钰芬. 企业技术创新绩效评价指标体系研究 [J]. 科学学与科学技术管理, 2006 (3): 86-91.

[147] 陈劲, 邱嘉铭, 沈海华. 技术学习对企业创新绩效的影响因素分析 [J]. 科学学研究, 2007 (6): 1223-1232.

[148] 陈庆江, 平雷雨, 董天宇. 数字技术应用创新赋能效应的实现方式与边界条件 [J]. 管理学报, 2023, 20 (7): 1065-1074.

[149] 陈晓红, 胡东滨, 曹文治, 等. 数字技术助推我国能源行业碳中和目标实现的路径探析 [J]. 中国科学院院刊, 2021, 36 (9): 1019-1029.

[150] 程聪, 胡嘉阳. 什么样的数字能力能促进在华跨国公司数字创新——基于 fsQCA 的研究 [J/OL]. 科技进步与对策, [2024-06-27]. http://kns.cnki.net/kcms/detail/42.1224.G3.20231128.1703.006.html.

[151] 池毛毛, 叶丁菱, 王俊晶, 等. 我国中小制造企业如何提升新

产品开发绩效——基于数字化赋能的视角 [J]. 南开管理评论, 2020, 23 (3): 63-75.

[152] 邓昕才, 陈子楠, 吕萍, 等. 组织惯例更新触发因素与影响效应——基于先动型市场导向和可持续竞争优势视角 [J]. 科技进步与对策, 2022, 39 (18): 21-30.

[153] 邓新明, 刘禹, 龙贤义, 等. 管理者认知视角的环境动态性与组织战略变革关系研究 [J]. 南开管理评论, 2021, 24 (1): 62-73+88-90.

[154] 董保宝, 葛宝山. 新创企业资源整合过程与动态能力关系研究 [J]. 科研管理, 2012, 33 (2): 107-114.

[155] 董晓松, 许仁仁, 赵星, 等. 基于价值视角的制造业数字化服务转型机理与路径——仁和集团案例研究 [J]. 中国软科学, 2021 (8): 152-161.

[156] 范志刚, 吴晓波. 动态环境下企业战略柔性与创新绩效关系研究 [J]. 科研管理, 2014, 35 (1): 1-8.

[157] 冯根福, 郑明波, 温军, 等. 究竟哪些因素决定了中国企业的技术创新——基于九大中文经济学权威期刊和 A 股上市公司数据的再实证 [J]. 中国工业经济, 2021 (1): 17-35.

[158] 高会生, 王成敏. 基于动态能力理论的实体零售企业数字化转型探析 [J]. 商业经济研究, 2020 (1): 79-83.

[159] 高建, 汪剑飞, 魏平. 企业技术创新绩效指标: 现状、问题和新概念模型 [J]. 科研管理, 2004 (S1): 14-22.

[160] 郭爱芳, 陈劲. 基于科学/经验的学习对企业创新绩效的影响: 环境动态性的调节作用 [J]. 科研管理, 2013, 34 (6): 1-8.

[161] 郭玉明. 企业创新绩效影响因素实证研究 [J]. 河北工业大学学报, 2014, 43 (1): 101-106.

[162] 韩晶, 孙雅雯, 陈曦. 后疫情时代中国数字经济发展的路径解析 [J]. 经济社会体制比较, 2020 (5): 16-24.

[163] 韩少杰，苏敬勤．如何研究数字化转型企业开放式创新生态系统构建［J］．北京石油管理干部学院学报，2023，30（1）：74-75.

[164] 洪江涛，张思悦．可供性理论视角下制造业数字创新的驱动机制［J］．科学学研究，2024，42（2）：405-414+426.

[165] 胡保亮，田茂利，刘广．资源重构能力与商业模式创新：基于动态能力束的观点［J］．科研管理，2022，43（8）：73-80.

[166] 胡望斌，张玉利．新企业创业导向转化为绩效的新企业能力：理论模型与中国实证研究［J］．南开管理评论，2011，14（1）：83-95.

[167] 黄阳华．基于多场景的数字经济微观理论及其应用［J］．中国社会科学，2023（2）：4-24+204.

[168] 惠宁，张林玉．数字经济驱动与文化产业高质量发展［J］．北京工业大学学报（社会科学版），2024，24（2）：31-47.

[169] 贾慧英，王宗军，曹祖毅．研发投入跳跃与组织绩效：环境动态性和吸收能力的调节效应［J］．南开管理评论，2018，21（3）：130-141.

[170] 焦豪．企业动态能力、环境动态性与绩效关系的实证研究［J］．软科学，2008（4）：112-117.

[171] 焦豪，魏江，崔瑜．企业动态能力构建路径分析：基于创业导向和组织学习的视角［J］．管理世界，2008（4）：91-106.

[172] 焦豪，杨季枫，王培暖，等．数据驱动的企业动态能力作用机制研究——基于数据全生命周期管理的数字化转型过程分析［J］．中国工业经济，2021a（11）：174-192.

[173] 焦豪，杨季枫，应瑛．动态能力研究述评及开展中国情境化研究的建议［J］．管理世界，2021b，37（5）：191-210+14+22-24.

[174] 金佩华．台湾中小企业创业导向、动态能力与企业成长关系之研究［D］．吉林大学博士学位论文，2014.

[175] 李春发，李冬冬，周驰．数字经济驱动制造业转型升级的作用机理——基于产业链视角的分析［J］．商业研究，2020（2）：73-82.

[176] 李非，祝振铎．基于动态能力中介作用的创业拼凑及其功效实

证［J］.管理学报，2014，11（4）：562-568.

［177］李杰，沈宏亮，宋思萌.数字化转型提高了企业劳动资源配置效率吗？［J］.现代财经（天津财经大学学报），2023，43（9）：108-125.

［178］李树文，罗瑾琏，葛元骎.大数据分析能力对产品突破性创新的影响［J］.管理科学，2021，34（2）：3-15.

［179］李婉红，王帆.数字创新、战略柔性与企业智能化转型——考虑环境复杂性的调节效应［J］.科学学研究，2023，41（3）：521-533.

［180］梁敏，曹洪军，王小洁.高管环保认知、动态能力与企业绿色创新绩效——环境不确定性的调节效应［J］.科技管理研究，2022，42（4）：209-216.

［181］梁新怡，钟俊鹏，罗锋.家电制造企业数字化转型的现状和策略研究——以美的集团为例［J］.当代经济，2021（6）：68-71.

［182］林萍.动态能力的测量及作用：来自中国企业的经验数据［J］.中南大学学报（社会科学版），2009，15（4）：533-540.

［183］刘刚，刘静.动态能力对企业绩效影响的实证研究——基于环境动态性的视角［J］.经济理论与经济管理，2013（3）：83-94.

［184］刘经涛，宁连举，高琦芳.数字创新生态系统：内涵、特征与运行机制［J］.科技管理研究，2023，43（22）：13-22.

［185］刘淑春.中国数字经济高质量发展的靶向路径与政策供给［J］.经济学家，2019（6）：52-61.

［186］刘文俊，彭慧.区域制造企业数字化转型影响绿色全要素生产率的空间效应［J］.经济地理，2023，43（6）：33-44.

［187］刘锡禄，陈志军，马鹏程.信息技术背景 CEO 与企业数字化转型［J］.中国软科学，2023（1）：134-144.

［188］刘学元，丁雯婧，赵先德.企业创新网络中关系强度、吸收能力与创新绩效的关系研究［J］.南开管理评论，2016，19（1）：30-42.

［189］刘洋，董久钰，魏江.数字创新管理：理论框架与未来研究［J］.管理世界，2020，36（7）：198-217+219.

［190］刘友金，周健．变局中开新局：新一轮国际产业转移与中国制造业的未来［J］.湖南科技大学学报（社会科学版），2021，24（2）：63-70.

［191］刘战豫，张伞伞．"双碳"目标下制造业碳减排的数字技术实现路径研究［J］.资源开发与市场，2024，40（4）：511-520.

［192］刘志阳，林嵩，邢小强．数字创新创业：研究新范式与新进展［J］.研究与发展管理，2021，33（1）：1-11.

［193］刘助仁．美国数字经济发展的动因及启示［J］.科技情报开发与经济，2001（4）：72-74.

［194］柳卸林，葛爽，丁雪辰．工业革命的兴替与国家创新体系的演化——从制度基因与组织基因的角度［J］.科学学与科学技术管理，2019，40（7）：3-14.

［195］罗佳，张蛟蛟，李科．数字技术创新如何驱动制造业企业全要素生产率？——来自上市公司专利数据的证据［J］.财经研究，2023，49（2）：95-109+124.

［196］罗建强，蒋倩雯．数字化转型下产品与服务创新优先级演化分析——基于海尔智家案例［J］.科学学研究，2022，40（9）：1710-1720.

［197］罗珉，刘永俊．企业动态能力的理论架构与构成要素［J］.中国工业经济，2009（1）：75-86.

［198］罗仲伟，任国良，焦豪，等．动态能力、技术范式转变与创新战略——基于腾讯微信"整合"与"迭代"微创新的纵向案例分析［J］.管理世界，2014（8）：152-168.

［199］吕明元，程秋阳．工业互联网平台发展对制造业转型升级的影响：效应与机制［J］.人文杂志，2022（10）：63-74.

［200］马鸿佳，董保宝，葛宝山．高科技企业网络能力、信息获取与企业绩效关系实证研究［J］.科学学研究，2010，28（1）：127-132.

［201］马鸿佳，宋春华，葛宝山．动态能力、即兴能力与竞争优势关系研究［J］.外国经济与管理，2015，37（11）：25-37.

［202］马文聪，朱桂龙．环境动态性对技术创新和绩效关系的调节作用［J］．科学学研究，2011，29（3）：454-460.

［203］马文甲，张弘正，陈劲．企业数字化转型对绿色创新模式选择的影响［J］．科研管理，2023，44（12）：61-70.

［204］彭本红，黄倩倩，郑田．智能制造开放式创新平台战略异质性研究：基于扎根理论双案例视角［J］．科技进步与对策，2021，38（10）：75-84.

［205］彭云峰，薛娇，孟晓华．创业导向对创新绩效的影响——环境动态性的调节作用［J］．系统管理学报，2019，28（6）：1014-1020.

［206］乔鹏程，张岩松．企业数字化转型、动态能力与创新绩效［J］．财会月刊，2023，44（5）：145-152.

［207］秦立公，朱可可，胡娇．服务供应链整合对服务创新能力的影响机理——知识共享的中介作用和环境动态性的调节效应［J］．商业经济研究，2019（7）：5-8.

［208］曲小瑜．制度环境、动态能力与高管认知影响中小企业朴素式创新的组态效应［J］．科研管理，2022，43（11）：103-110.

［209］任鸽，陈伟宏，钟熙．高管国际经验、环境不确定性与企业国际化进程［J］．外国经济与管理，2019，41（9）：109-121.

［210］石建勋，朱婧池．全球产业数字化转型发展特点、趋势和中国应对［J］．经济纵横，2022（11）：55-63.

［211］史宇鹏，王阳，张文韬．我国企业数字化转型：现状、问题与展望［J］．经济学家，2021（12）：90-97.

［212］苏敬勤，刘静．复杂产品系统中动态能力与创新绩效关系研究［J］．科研管理，2013，34（10）：75-83.

［213］孙德林，王晓玲．数字经济的本质与后发优势［J］．当代财经，2004（12）：22-23.

［214］孙善林，彭灿．产学研协同创新项目绩效评价指标体系研究［J］．科技管理研究，2017，37（4）：89-95.

[215] 谭云清，马永生，李元旭. 社会资本、动态能力对创新绩效的影响：基于我国国际接包企业的实证研究 [J]. 中国管理科学，2013，21（S2）：784-789.

[216] 王炳成，郝兴霖，刘露. 战略性新兴产业商业模式创新研究——环境不确定性与组织学习匹配视角 [J]. 软科学，2020，34（10）：50-55.

[217] 王超发，李雨露，王林雪，等. 动态能力对智能制造企业数字创新质量的影响研究 [J]. 管理学报，2023，20（12）：1818-1826.

[218] 王凤彬，陈建勋. 动态环境下变革型领导行为对探索式技术创新和组织绩效的影响 [J]. 南开管理评论，2011，14（1）：4-16.

[219] 王海花，杜梅. 数字创新国际研究热点与演化：一个可视化分析 [J]. 科技进步与对策，2021a，38（21）：152-160.

[220] 王海花，杜梅. 数字技术、员工参与与企业创新绩效 [J]. 研究与发展管理，2021b，33（1）：138-148.

[221] 王浩军，卢玉舒，宋铁波. 稳中求变？高管团队稳定性与企业数字化转型 [J]. 研究与发展管理，2023，35（2）：97-110.

[222] 王静疆. 工业4.0下我国传统制造业面临的问题、机遇和发展路径 [J]. 企业改革与管理，2016（19）：189+193.

[223] 王俊，方烨. 数字经济驱动中小企业合作创新的机制、模式与路径 [J]. 湖北经济学院学报（人文社会科学版），2024，21（4）：53-58.

[224] 王孟，刘东锋. 数字技术赋能体育产业低碳发展的理论逻辑、现实困境与实施路径 [J]. 体育学研究，2022，36（1）：71-80.

[225] 王伟毅，李乾文. 环境不确定性与创业活动关系研究综述 [J]. 外国经济与管理，2007（3）：53-58+65.

[226] 王欣，徐明. 企业创新组织软环境、知识管理、创新绩效——动态环境下有调节的中介作用模型 [J]. 华东经济管理，2018，32（2）：35-42.

[227] 王旭辉，史瑞. 数字化转型对企业双元创新的影响研究 [J]. 中

国商论，2024（3）：129-132.

[228] 王永健，谢卫红，王田绘，等．强弱关系与突破式创新关系研究——吸收能力的中介作用和环境动态性的调节效应［J］．管理评论，2016，28（10）：111-122.

[229] 王玉荣，段玉婷，卓苏凡．工业互联网对企业数字创新的影响——基于倾向得分匹配的双重差分验证［J］．科技进步与对策，2022，39（8）：89-98.

[230] 卫武，夏清华，资海喜，等．企业的可见性和脆弱性有助于提升对利益相关者压力的认知及其反应吗？——动态能力的调节作用［J］．管理世界，2013（11）：101-117.

[231] 魏江，刘嘉玲，刘洋．新组织情境下创新战略理论新趋势和新问题［J］．管理世界，2021，37（7）：182-197+13.

[232] 温忠麟，侯杰泰，张雷．调节效应与中介效应的比较和应用［J］．心理学报，2005（2）：268-274.

[233] 文艺，文淑惠，尹梦菲．创新能力对欠发达地区企业全球价值链升级的影响——基于资源编排视角［J］．资源科学，2023，45（9）：1710-1722.

[234] 吴航．动态能力的维度划分及对创新绩效的影响——对 Teece 经典定义的思考［J］．管理评论，2016，28（3）：76-83.

[235] 吴明隆．结构方程模型：AMOS 的操作与应用［M］．重庆：重庆大学出版社，2010.

[236] 吴松强，何春泉，夏管军．江苏先进制造业集群：关系嵌入性、动态能力与企业创新绩效［J］．华东经济管理，2019，33（12）：28-34.

[237] 奚雷，彭灿，张学伟．外部学习与双元创新协同性的关系——环境动态性的调节作用［J］．技术经济与管理研究，2018（8）：27-32.

[238] 肖土盛，吴雨珊，亓文韬．数字化的翅膀能否助力企业高质量发展——来自企业创新的经验证据［J］．经济管理，2022，44（5）：41-62.

[239] 肖旭，戚聿东．产业数字化转型的价值维度与理论逻辑［J］．改

革，2019（8）：61-70.

［240］肖艳红．知识导向 IT 能力、外部知识搜寻与创新绩效关系研究［D］．吉林大学博士学位论文，2018.

［241］谢康，吴瑶，肖静华，等．组织变革中的战略风险控制——基于企业互联网转型的多案例研究［J］．管理世界，2016（2）：133-148+188.

［242］谢康，夏正豪，肖静华．大数据成为现实生产要素的企业实现机制：产品创新视角［J］．中国工业经济，2020（5）：42-60.

［243］谢卫红，林培望，李忠顺，等．数字化创新：内涵特征、价值创造与展望［J］．外国经济与管理，2020，42（9）：19-31.

［244］邢小强，周平录，张竹，等．数字技术、BOP 商业模式创新与包容性市场构建［J］．管理世界，2019，35（12）：116-136.

［245］熊玮，金雪，田舒涵．数字经济、价值链协同创新与流通业全要素生产率［J］．商业经济研究，2024（8）：119-122.

［246］许芳，田萌，徐国虎．大数据应用能力对企业创新绩效的影响研究——供应链协同的中介效应与战略匹配的调节效应［J］．宏观经济研究，2020（3）：101-119.

［247］闫俊周，姬婉莹，熊壮．数字创新研究综述与展望［J］．科研管理，2021，42（4）：11-20.

［248］严子淳，李欣，王伟楠．数字化转型研究：演化和未来展望［J］．科研管理，2021，42（4）：21-34.

［249］杨栩，李宏扬，孟明明．数字并购情境下目标方留任数字背景高管如何影响并购方数字创新绩效？［J］．系统管理学报，2024，33（5）：1303-1312.

［250］杨泽帅．企业社会责任与企业绩效间的交互跨期影响——基于环境动态性调节作用的实证分析［D］．新疆大学硕士学位论文，2018.

［251］叶丹．传统制造企业信息技术能力、数字化转型战略和数字创新绩效的关系研究［D］．吉林大学博士学位论文，2022.

［252］叶丹，姚梅芳，葛宝山，等．数字技术驱动传统非互联网企业

数字创新绩效的作用机理——组织合法性的调节作用 [J]. 科技进步与对策, 2023, 40 (11): 11-18.

[253] 于晓敏, 李佳贞, 单伟. 中国情境下知识共享与创新绩效间关系的元分析 [J]. 技术经济, 2017, 36 (3): 46-53.

[254] 余江, 陈凤, 王腾. 数字创新引领产业高质量发展的机制研究 [J]. 创新科技, 2020, 20 (1): 80-86.

[255] 余江, 孟庆时, 张越, 等. 数字创新: 创新研究新视角的探索及启示 [J]. 科学学研究, 2017, 35 (7): 1103-1111.

[256] 岳金桂, 于叶. 技术创新动态能力与技术商业化绩效关系研究——环境动态性的调节作用 [J]. 科技进步与对策, 2019, 36 (10): 91-98.

[257] 张方华. 网络嵌入影响企业创新绩效的概念模型与实证分析 [J]. 中国工业经济, 2010 (4): 110-119.

[258] 张辉, 王庭锡, 孙咏. 数字基础设施与制造业企业技术创新——基于企业生命周期的视角 [J]. 上海经济研究, 2022 (8): 79-93.

[259] 张吉昌, 龙静. 数字技术应用如何驱动企业突破式创新 [J]. 山西财经大学学报, 2022, 44 (1): 69-83.

[260] 张林刚, 耿文月, 熊焰. 动态能力如何促进企业数字化转型——基于 FsQCA 方法 [J]. 财会月刊, 2022 (12): 128-136.

[261] 张梦桃, 张生太. 预期工作量对员工创新行为的影响——基于挑战性和威胁性的视角 [J]. 科研管理, 2023, 44 (11): 184-192.

[262] 张培, 董珂隽. 制造企业数据赋能实现机理研究: 关键要素和作用机制 [J]. 科学学与科学技术管理, 2023, 44 (8): 94-111.

[263] 张田, 潘国轩, 潘丽荣. 发挥新型举国体制优势突破装备制造业 "卡脖子" 技术的创新机制研究 [J]. 商业经济, 2022 (5): 44-46.

[264] 张新. 在线模型推动供水企业数字化转型的探索与实践 [J]. 环境工程, 2023, 41 (11): 141-147.

[265] 张新春. 数字技术下社会再生产分层探究 [J]. 财经科学,

2021（12）：52-63.

[266] 张燕红. TMT 特质、动态能力与企业绩效关联机制实证研究
[J]. 科技经济市场，2018（2）：95-97.

[267] 张映红. 动态环境对公司创业战略与绩效关系的调节效应研究
[J]. 中国工业经济，2008（1）：105-113.

[268] 张永云，郭鹏利，张生太. 失败学习与商业模式创新关系：知
识管理与环境动态性的影响[J]. 科研管理，2021，42（11）：90-98.

[269] 张振刚，许亚敏，罗泰晔. 大数据时代企业动态能力对价值链
重构路径的影响——基于格力电器的案例研究[J]. 管理评论，2021，
33（3）：339-352.

[270] 张振刚，叶宝升，户安涛，等. 制造企业如何形成大数据能力
赋能产品创新绩效？——CEO 威胁认知与数字化支持行为的视角[J]. 研究
与发展管理，2023，35（6）：19-31.

[271] 赵超. 数字创新生态系统的生成理路与运行逻辑[J]. 湖南社会
科学，2023（4）：65-75.

[272] 赵宸宇. 数字化转型对企业社会责任的影响研究[J]. 当代经济
科学，2022，44（2）：109-116.

[273] 赵宸宇，王文春，李雪松. 数字化转型如何影响企业全要素生
产率[J]. 财贸经济，2021，42（7）：114-129.

[274] 郑刚，刘仿，徐峰，等. 非研发创新：被忽视的中小企业创新
另一面[J]. 科学学与科学技术管理，2014，35（1）：140-146.

[275] 中国社会科学院经济研究所课题组，黄群慧，原磊，等. 新征
程推动经济高质量发展的任务与政策[J]. 经济研究，2023，58（9）：
4-21.

[276] 周瑜. 数字技术影响公共服务的经济学机理与实现路径研究
[D]. 中国社会科学院研究生院博士学位论文，2020.

[277] 周洲，吴馨童. 数字技术应用对企业产品成本优势的影响[J].
管理学报，2022，19（6）：910-918+937.

［278］朱福林．中国数字服务贸易高质量发展的制约因素和推进路径［J］．学术论坛，2021，44（3）：113-123.

［279］朱晓武．区块链技术驱动的商业模式创新：DIPNET 案例研究［J］．管理评论，2019，31（7）：65-74.

［280］朱雪春，潘静．环境动态性、组织学习与合法性如何驱动绿色创新？——基于 fsQCA 的组态效应研究［J］．科学与管理，2023，43（5）：61-69+111.